THEATERBIBLIOTHEK

AF152671

In ihren beiden Stücken *Manhattan Medea* und *Blaubart – Hoffnung der Frauen* greift die preisgekrönte Theaterautorin Dea Loher alte, berühmte Mythen auf und erzählt sie neu: als zeitgenössische Dramen des ausgehenden 20. Jahrhunderts.

Manhattan Medea wohnt im heutigen New York: Medea und Jason leben als illegale Einwanderer im Untergrund, bis Jason die Tochter eines reichen Geschäftsmannes kennenlernt. Er verläßt Medea und das gemeinsame Kind, um die andere zu heiraten. Das Stück spielt in der Hochzeitsnacht. Medea wartet vor dem Haus der Braut. Sie ist entschlossen, Jason zurückzuholen. Wundersame Menschen leisten ihr Gesellschaft – der »doorman« Velazquez und ein tauber Transvestit. Als Jason erscheint und die schicksalhafte Verstrickung der Figuren sich zeigt, nimmt das Verhängnis seinen Lauf.

Blaubart tötet, was er liebt: dieses Grundmotiv ist das Thema von *Blaubart – Hoffnung der Frauen*. Doch in Dea Lohers Drama sind die ermordeten Frauen an ihrem Ende genau so beteiligt wie der Mörder selbst. Denn sie suchen nach einer Liebe »über die Maßen«, einer, für die sie sterben würden. »So ist es eine Erlösung, wenn sie im Tod bei Blaubart finden, was sie suchen. Da kommt Dea Loher der Hölle, in die vollkommene Liebe führt, ziemlich nah. Loher kann solche Seelentätigkeit in Dialoge fassen, die zum Pointiertesten gehören, was für das deutsche Theater heute geschrieben wird.«
Frankfurter Rundschau

Dea Loher
Manhattan Medea
Blaubart – Hoffnung der Frauen

Zwei Stücke

VERLAG DER AUTOREN
Der Verlag der Autoren gehört den Autoren des Verlages

Manhattan Medea ist als Auftragsarbeit für den
steirischen herbst entstanden.

Bibliografische Informationen der Deutschen Nationalbibliothek
Die Deutsche Nationalbibliothek verzeichnet diese Publikation in der
Deutschen Nationalbibliografie; detaillierte bibliografische Daten sind im
Internet unter http://dnb.dnb.de abrufbar.

5. Auflage 2015

© Verlag der Autoren, Frankfurt am Main 1999
Alle Rechte vorbehalten, insbesondere das der Aufführung durch Berufs-
und Laienbühnen, des öffentlichen Vortrags, der Verfilmung und Übertra-
gung durch Rundfunk, Fernsehen und andere audiovisuelle Medien, auch
einzelner Abschnitte. Das Recht der Aufführung ist nur zu erwerben von
der

Verlag der Autoren GmbH & Co. KG
Taunusstraße 19, 60329 Frankfurt am Main
Telefon: 069 23 85 74-0, Fax: 069 24 27 76 44
E-Mail: theater@verlagderautoren.de
www.verlagderautoren.de

Satz: RG-Datenservice, Darmstadt
Umschlag: Bayerl + Ost, Frankfurt am Main
Druck: betz-druck GmbH, Darmstadt
Printed in Germany
ISBN 978-3-88661-208-6

INHALT

Manhattan Medea

PERSONEN

MEDEA
JASON
SWEATSHOP-BOSS, *im Rollstuhl*
VELAZQUEZ, *ein doorman auf der 5th Avenue*
DEAF DAISY, *ein tauber Transvestit*
EIN JUNGE, *ca. 7 Jahre, stumme Rolle*

Manhattan, Gegenwart.

1

*Ein reiches Haus auf der 5th Avenue. Velazquez, der
doorman, im Eingang. Medea, wartend.*

VELAZQUEZ Ich tue nur meine Pflicht, Ma'm.

MEDEA Hindere ich Sie daran.

VELAZQUEZ Sie beobachten mich, als ob es ein Verbre-
chen wäre.

MEDEA Ich betrachte nicht Sie.

VELAZQUEZ Sie stehen an dieser Ecke seit wieviel
Stunden. Gestern abend erschien Ihr Schatten langsam im Schein der Laterne. Bis in die späte Nacht
war alles, was ich sah, Ihre dunkle Gestalt, unbe-
wegt. Bis ich einschlief. Ich verdiene Strafe, weil ich
meine Pflicht vergaß. Längst hätte ich Sie melden
sollen. Kundschafterin womöglich, Gefahr für dieses
Haus.

MEDEA Eine Diebin, Dealerin. Vielleicht nur Hure,
harmlos.

VELAZQUEZ Als ich die Augen aufschlug in der Mor-
gendämmerung, glaubte ich an ein Phantom. Ihr Umriß an derselben Stelle. Ist das Fleisch und Blut. Darf
ich Sie berühren.

MEDEA Kommen Sie nicht näher. – Wir sind uns nicht
vertraut. – Und ich bin keine, die man sich erwählt,
zu seiner Anvertrauten, schnell.

VELAZQUEZ Was aber wollen Sie von mir. Oder sind
es diese Mauern, durch die Sie dringen wollen, mit Ih-

rem Blick, der scharf und leuchtend ist durch über-
langes Wachen.

MEDEA Ist das Gold echt. Der Marmor echt. Ist das
echter Samt hinter den Fenstern, in dem das Licht
sich fängt und der die Räume verhüllt vor fremden
Blicken.

VELAZQUEZ So echt wie das Gold und der Marmor an
Dutzenden von Türmen auf dieser und jener Seite der
Avenue, bis dreißig Blocks nördlich und zwölf
Blocks südlich von hier.

MEDEA Das ist das Haus vom Sweatshop-Boss.

VELAZQUEZ Oh ja Ma'm, sicher. Aber sagen Sie den
Namen lieber nicht vor ihm. Kann mir nicht denken,
daß er ihn gern hört. Für uns ist er Mr Sawyer, Mr
Sawyer Sir.

MEDEA Der dunkle Samt sieht aus wie Trauer. Gibt es
einen zu betrauern in diesem Haus.

VELAZQUEZ Trauer – im Gegenteil. – Sie sind von der
Presse, Ma'm. Ich darf nichts sagen. Meine Pflicht.
Wo ist Ihre Camera.

MEDEA Wie hoch ist der Lohn für Ihre Pflicht. *Sie gibt
ihm eine $-Note.*

VELAZQUEZ Meine Livree hat mehr gekostet als meine
Pflicht dem Herrn wert ist, monatlich.

Medea gibt ihm noch eine $-Note.

VELAZQUEZ Ich muß lange sparen für Leinwand. Farben. Pinsel. Mein Name ist Velazquez. Der letzte

große Hofmaler vor der Revolution. Ich bin Velazquez. Wenn ich nicht hier stehe und meine Pflicht tue, male ich; zu Hause, in meinem Loch in Harlem, 147ste Straße, Nähe Malcolm X Boulevard. Das ist eine höhere Pflicht. Die ist nicht käuflich. – Ich lerne durch Nachahmung. Noch ahme ich ihn nach, den anderen Velazquez. Noch unterwerfe ich mich jedem Detail in seinen Bildern in akribischem Studium, aber schon jetzt ist meine Nachahmung eine Neuerschaffung, die meinen Vorfahr bei genauem Hinsehen übertrifft. Ich bin ein Meister der Kopie. Und doch – indem ich sie signiere, mache ich ein Original aus ihr. Eine Kopie, die keine ist. Ein falscher Velazquez, der ein echter ist. – Aber an dem Tag, an dem es darauf ankommt, werde ich der einzige Velazquez sein. Der einzige. –

MEDEA Welcher Tag wird das sein, und woran werden Sie ihn erkennen.

VELAZQUEZ Keine Sorge Ma'm, er wartet auf mich, so wie Sie unter der Laterne auf mich gewartet haben, und ich werde ihn sofort erkennen, Mann, ich werde diesen großen verdammten Tag schon erkennen, wenn er erst eine einzige bleiche Fingerkuppe über den Horizont geschoben hat, da braucht er mir noch gar nicht zuzuwinken, da erkenn ich ihn schon, keine Sorge Ma'm. Und dann nichts wie weg hier.

MEDEA Lebt er denn allein hier, der Mr Sawyer.

VELAZQUEZ Woher denn. Mr Sawyer ist ein glücklicher Mann. Ein glücklicher Mann, das heißt eine große Familie, verstehen Sie. Hat früher viel Pech gehabt, kann man sagen. Aber ein tapferer Mann. Das lohnt sich. Nicht wahr. – Ja, er hat vier Töchter, alle verheiratet, bis auf die eine. – Er will sich porträtieren lassen von mir. Aber er sagt, »nicht seine Erscheinung, sondern die Wahrheit« soll ich malen. Ich habe darüber nachgedacht. Dann sage ich zu ihm, Mr Sawyer Sir, sage ich, ich glaube, so weit bin ich noch nicht.

MEDEA Er hat sie also alle verheiratet bis auf die eine.

VELAZQUEZ Ja, die jüngste. Die würde ich nicht malen wollen. Uh, eine haarige Sache. Ein Nest Mäuse würde stiller sitzen als sie. – Hören Sie Ma'm, Sie sind gar nicht von der Presse, wie – sonst wüßten Sie doch Bescheid.

Schweigen.

MEDEA Ich bin nicht von hier.

VELAZQUEZ Aber alle reden doch darüber. In der ganzen Stadt.

MEDEA Worüber reden sie.

VELAZQUEZ Die Kleine hat sich so einen Kerl aufgegabelt; keiner kennt ihn, niemand hat je von ihm gehört. Nicht hier, Sie verstehen. Weiß der Henker, wo ihr der vor die Füße gefallen ist. Treibt sich oft herum, Lower Eastside und so. Sie findet es chic. Sie nennt es »ihrem Schicksal entgehen«. Da geht sie spätabends an mir vorbei und sagt zu mir »Hey Maler, heute entgehe ich meinem Schicksal ...« und weg ist sie. Vor

12

nicht einmal drei Wochen trifft sie dann diesen Mann, und seither sind die beiden unzertrennlich, und es geht den ganzen Tag ... wie zwei Liebesvögel –

MEDEA Zwei Liebesvögel – das würde ich gern mit eigenen Augen sehen.

VELAZQUEZ Ja, und ich will Ihnen noch was sagen, Ma'm: ich gönne es ihr. Ich gönne es ihr. Sehen Sie, ich beobachte sie und, das kann ich natürlich nicht beschwören, aber ich glaube – sie hatte noch nie einen richtigen Freund, ich meine richtig, Sie verstehen. Er ist ihr erster Mann, wenn das kein Grund ist, einer Flasche den Hals zu brechen. Na ja. Sie ist so jung. Grade flügge geworden. Und süß, das Vögelchen, was sage ich, ein Engel. Clever und süß.

MEDEA Smart. Wie.

VELAZQUEZ Wenn ich es sage, Ma'm. Die hat was im Kopf. Ist nicht eine von diesen abgefuckten Park Avenue chicks, wenn Sie wissen, was ich meine. Die ist am Juilliard, studiert Violine. Und – eine echte Schönheit noch dazu.

MEDEA Echt. Glänzend wie das Gold. Wertvoll wie der Marmor. Sanft wie der Samt.

VELAZQUEZ Ja Ma'm. *Pause.* Bei so viel Glück würde mancher Mann Albträume kriegen. – Ich sollte jetzt lieber wieder meine Pflicht tun, wie. – Hey, falls Sie mal ein Porträt von sich machen lassen wollen, ich bin erstklassig. Empfehlung von Mr Sawyer. Ein Porträt für Sie, wie wäre das. Überlegen Sie, ein echter Velazquez; die Gelegenheit gibts so schnell nicht wieder –

MEDEA Falls ich einmal zu Geld komme – *Pause*. Was denken Sie, als Maler sind Sie doch ein Menschenkenner, sollte man ihm nicht mißtrauen.

VELAZQUEZ Wem, dem Neuen. *Pause*. Dazu ist es zu spät. Morgen ist Hochzeit.

MEDEA Morgen ist Hochzeit.

VELAZQUEZ Was ist mit Ihnen. Sie lesen wirklich keine Zeitung.

MEDEA Nein. Ich habe nur einen Brief bekommen, da stand, daß – das geht viel zu schnell –

VELAZQUEZ Eine Einladung, dann sehen wir uns morgen wieder. Wird ein großes Fest. Der Mayor, die Gouverneure. Das Philharmonic Orchestra spielt.

MEDEA Sie haben den – den Bräutigam gesehen.

VELAZQUEZ Ja sicher.

Pause.

MEDEA Und –

VELAZQUEZ Wenn Sie mich fragen –

MEDEA Ja.

VELAZQUEZ Auf den ersten Blick – ein Hund.

MEDEA Ein Hund –

VELAZQUEZ Aber je länger Sie ihn ansehen, desto schöner wird er. Ein schöner Mann. Ohne Zweifel. Vielleicht sollte ich ein Porträt von ihm machen –

MEDEA Beschreiben Sie ihn mir.

VELAZQUEZ Also – er ist nicht gerade ein Riese. Aber auch kein Zwerg. Er ist so mittel. Mittelgroß. Mager.

14

Aber Muskeln. Bleich. Hat lange keine Sonne mehr gesehen. Und er hat ein paar weiße Haare, was selten ist in seinem Alter. Und dann – er geht manchmal gebückt.

MEDEA Das klingt aber nicht nach einem schönen Mann.

VELAZQUEZ Schön – ich rede von der Malerei, nicht von Werbung. Nicht von der Oberfläche, sondern wie sich diese Oberfläche zusammensetzt. Das, was dem ersten Eindruck widerspricht, was sich dem Schein entgegenstellt, zum Beispiel, das macht Schönheit. Und da fällt mir auf, daß er gebückt geht. Daß sein Anzug Falten wirft, hier, vor den Achseln. Schwierig zu malen. Am Anfang hatte er ja kein Jakkett. Kam mit einer fleckigen ledernen Haut, die er als Jacke ausgab. Jetzt hat er einen maßgeschneiderten Anzug und doch – er sitzt nicht. Und ich habe bemerkt, daß es von seinen Schultern kommt. Manchmal, wenn er sich allein glaubt, steht und geht er wie ein Alter. Aber es liegt dennoch eine Kraft darin.

MEDEA Denken Sie, er ist nicht glücklich.

VELAZQUEZ Ma'm, fragen Sie mich nicht nach Glück. Es gibt ein Gerücht über ihn. Ein Gerücht, daß er seine Frau zurückgelassen hat, für die Tochter von Mr Sawyer Boss. Wird was dran sein. Schließlich hat er dieses Kind mit sich gebracht, und dazu muß es ja wohl eine Mutter geben.

MEDEA Behandeln sie es gut.

VELAZQUEZ Das tobt im Haus herum. Ist aufgeregt.

Alles neu. Kinder. – Trotzdem, die Frau tut mir leid.
Aber was weiß man. Vielleicht war sie eine Gefahr für
ihn.

MEDEA Diebin. Dealerin. Hure.

VELAZQUEZ Vielleicht Schlimmeres. – Ein Schatten
liegt um seine Augen. Das wird ein Kummer sein. Eine Sehnsucht vielleicht. Aber sein altes Leben wird er
vergessen müssen. – Und für ihn scheint seine Wahl
keine schlechte zu sein.

Schweigen.

VELAZQUEZ Ich gehe zurück. Meine Pflicht.

MEDEA Warten Sie.
   Sie gibt ihm noch eine $-Note.
   Holen Sie ihn. Bitte.
   Sagen Sie ihm –
   Sagen Sie Jason –
   Ich bin hier.
   Seine Frau ist hier.

Pause.

VELAZQUEZ Oh – ja, Ma'm.
   Er gibt ihr die $-Note zurück.
   Was einer so redet –

2

Auftritt Jason.

JASON Kommst du doch noch.
MEDEA Ich habe deine Nachricht bekommen.
    Ein guter Fang.
    Ein sehr guter Fang.
JASON Ja Medea. Was für ein Zufall.
    Jetzt lassen wir nicht mehr los.
    Endlich ist uns ein Goldvogel ins Netz gegangen,
    und er führt uns direkt zu seinem Nest.
MEDEA Wie lange wirst du brauchen.
JASON Sie vertraut mir. Sie vertraut mir jetzt schon.
    Nicht einmal drei Wochen –
    und sie würde sich ein Brandmal geben lassen mit
                         meinem Namen.
MEDEA Überschätze dich nicht.
    Sag mir, was ich vorbereiten soll.
    Wieviel wird es sein, was du dem Täubchen entlocken
                            kannst,
    und wann werden wir verschwinden.
JASON Verschwinden.
MEDEA Das war ein cleverer Zug von dir,
    das Kind mit dir zu nehmen.
    So schöpfen sie weit weniger Verdacht,
    und spüren Mitleid eher als Betrug.
JASON Betrug –

Ich denke nicht an Betrug.
Du hast die Nachricht falsch verstanden.
MEDEA Ich verstehe, daß du zu Geld kommen kannst,
und dabei an unsere Zukunft denkst.
Wir beide, Jason –

Pause.

JASON Wir haben es nicht geschafft, Medea,
                                        miteinander.
Und es ist besser, wir sehen darauf
mit einem kühlen Blick und einem Herzen,
das nicht zittert beim Hören der Wahrheit.
MEDEA Du bist fortgegangen wie oft,
und zurückgekehrt wie oft,
und wieviele Male war ich fort,
und du hast gewartet auf mich.
Denn es waren doch nur Spiele,
wie man einen Drachen steigen läßt
und sich freut an seinem Flug,
und dabei weiß, die Schnur, die sich
in der Hand dreht sirrend,
bringt sicher ihn zurück.
Und dann steigt man selber hinauf und
genießt den fremden kühlen Wind und
weiß sich an der Hand des anderen
wieder zur Erde gebracht.
JASON Dieses Mal ist anders.
MEDEA Wieviele Male war es anders.

Mit Worten.
Das gehört zum Spiel.
JASON Daß wir nicht zusammen leben können, Medea,
du weißt es.
MEDEA Nein. Ich weiß es nicht.
Es heißt Jason und Medea seit wieviel Jahren.
JASON Nicht, weil wir es wollten.
Nicht, weil es unsere Entscheidung war.
MEDEA Wessen Entscheidung denn und wessen Wille.
Wer hätte das für dich entschieden und für mich.
JASON Die Umstände haben uns zusammengezwungen.
MEDEA Die Umstände.
JASON Die Not.

Schweigen.

MEDEA Ich weiß noch genau den Tag,
an dem ich dich sah,
zum ersten Mal.
Du kamst die Dorfstraße entlanggegangen;
die Sonne stand in deinem Rücken.
Aus deinem Umriß sprühten Funken,
dein Gesicht war dunkel.
Du warst der erste, der erste von vielen,
die in unser Dorf geflohen kamen vor dem Krieg,
bevor der Krieg zu uns kam.
Aber dich hätte niemand einen Flüchtling genannt.
Schon damals winkte deine Hand mit einem
Dollarschein,

Spielgeld zwar vom Brettspiel eines Kindes, aber
Spiel war es trotzdem keines.
Kleinmütig warst du nicht;
während andre sich in Kellern vergruben,
um so den Krieg zu überleben,
wolltest du die Neue Welt erobern.
DIESES SPIEL KANN ICH AUCH SPIELEN.
I CAN PLAY THIS GAME, TOO.
YOU CAN CALL ME JASON.
Dein ganzer Wortschatz.
Sie lacht.
- - -

Nein, kleinmütig warst du nicht.
Du warst vieles nicht.
- -

Warst du jemals ein Freund.
JASON *JASON.*
JASON.
Der Name, den sie mir gab, das ist alles, was mir
                              blieb, von meiner Mutter.
JASON, sagte sie, amerikanisch,
und machte sich damit zum Spott der Straße.
Arzt hätte ich werden sollen, nach ihrem Willen.
Siehst du, wie ich lache.
Deine geschickten Hände, sagte sie.
Ja. Zum Kartenspieler hat es dann gereicht,
zum Koch, zum Kellner –
- -

Die Stadt, aus der ich kam, lag schon in Trümmern;

ich floh mit meiner Mutter Richtung Süden,
                                    Richtung Meer.
Wir drehten uns nicht um, im Rücken Donner.
Sie war schwach, ich nahm sie, die widerstrebte, auf
                                    die Schultern.
Regen, als wir zum Fluß hinunterliefen, Regen.
Die Frau auf meinen Schultern treibt
mir ihr hölzernes Gewicht durchs Fleisch,
sie sitzt auf meinen wunden Knochen.
Als wir den Fluß erreichen, ist das Wasser hoch,
zu hoch für einen Mann mit Last;
die Strömung reißt das Ufer mit sich fort.
Die Frau nimmt ihren Arm von meinem Hals,
läßt sich von meinen Schultern gleiten,
sie stützt sich kurz auf meine Hand, dann läßt sie los
ich stehe noch da geht sie schon zum Wasser
bückt sich füllt sich die Taschen ihres Mantels
mit zwei Steinen links und rechts kniet sich ans Ufer
lächelt zu mir auf sagt Hilf mir Sohn Ich
nehme ihren Kopf in beide Hände sacht wie sie
es mit mir getan als Kind und
küsse ihre Augen und
halte den Kopf fest unter Wasser
- -

- -

ihr toter Körper mit den Steinen versinkt im Strom und
ich lasse mich vom selben Wasser wie lange weiß ich
                                    nicht flußabwärts
schwemmen

\- \-

in die Nähe deines Dorfes

\-

da
gab es niemand mehr
der mir näher war als ich mir selbst
und keinen der mir fremder war als ich mir selbst.

Schweigen.

MEDEA Du hast schon damals nichts gehabt
außer einem schönen Mund,
mit dem du gut reden konntest.
JASON Du warst die einzige, mit der ich so redete.
Die einzige, der ich meine Geschichte erzählt habe.
MEDEA Ja, du hast mich zu deiner Mitwisserin
gemacht,
sehr geschickt; es war, als ob ich mitgeholfen hätte,
sie zu ertränken.
Das dachte ich damals.
Und, was für ein Mut, dachte ich,
das Furchtbarste zu tun beinahe wie eine Pflicht,
als sei es unausweichlich.
Und habe mich in dich verliebt.
Weil du dein Leid mit mir geteilt hast.
JASON Und was denkst du heute.
MEDEA Heute denke ich,
du hast mein Mitgefühl gekauft, sehr geschickt, mit
Worten,

ob sie wahr sind oder nicht, dafür habe ich keinen
Beweis.
Deine Schuld hast du mit mir geteilt, sehr geschickt,
und sogar ein bißchen übrig gelassen für deine Mutter,
weil sie dich ja nötigte,
weil sie dir eine Last abnahm,
weil sie es war, die sich selbstlos opfern wollte,
damit der Strom dich neu gebären konnte.
Heute denke ich:
ertränkt seine Mutter wie eine Katze –
Heute denke ich,
woher nur hast du gewußt, daß du mich so gewinnen
konntest.
Heute denke ich,
du wolltest gar nicht mich,
du wolltest nur das Geld;
das Geld, das ich meinem Vater gestohlen habe,
damit wir fortgehen konnten,
wir beide und mein Bruder,
in eine andere Zukunft.
Damit du weggehen konntest.
Und schon mein Bruder war zu viel Begleitung zu
viel Last.
Vielleicht war auch ich dir lästig,
von Anfang an.
Heute denke ich,
mit dir fing mein Unrecht an.
JASON Du hast deinen Vater betrogen,
nicht ich.

MEDEA Mein Vater, der dich aufgenommen hat in sein
             Haus,
 einen Fremden,
 und dem nichts mehr blieb und niemand,
 als wir uns fortgeschlichen hatten,
 seine Kinder mit seinem Geld.
JASON Ich hätte es auch ohne dich geschafft.
 Du. Dein Geld. Viel war es ohnehin nicht.
MEDEA Sogar mein Bruder glaubte an dich,
 der mißtrauische,
 und ich dachte, mein Vater wird es verstehen.
 Hat es dich je gekümmert,
 was aus ihm geworden ist.
JASON Hat es dich je gekümmert.
 Du hast nie danach geforscht.
 Gib jetzt nicht mir die Schuld
 an deiner Angst und deiner Feigheit.

Schweigen.

JASON Ich wollte nie bei dir bleiben. Nie.
 Feuer und Wasser gehören nicht zusammen.
MEDEA Damals waren deine Worte anders.

Schweigen.

JASON Wieviele Jahre sind wir hier, Medea.
 Und – wir machen keinen Fortschritt.
 Unser Leben ein verbotenes immer noch.

24

Unser Kind ohne einen Namen vor dem Gesetz.
Wir haben nur die Straßen oft gewechselt,
nicht die Viertel.
Und die Namen der Motels, sie sind verwechselbar,
Astor Blue Star Cesar China Inn,
in denen keiner nach Papieren fragt,
die Miete wöchentlich im voraus,
saure Desinfektionsluft
zerschneidet dir die Lungen,
Champion Exterminator gegen Kakerlaken
tropft von den Abflußrohren,
an den Wänden rinnt es gelb,
der Teppich aus Synthetik schwitzt sein Muster,
Bier- und Spermarinnsal, in Schichten eingetrocknet,
in Schichten wieder aus;
und Gitter vor den Fenstern,
daß du nicht in einem Anfall von Mut
in die Freiheit springst
und dir den Kopf zerschlägst
an einem schartigharten Rattennest voll Müll.
Sag mir nur,
ist das besser als Krieg.
Pause.
Einen Stuhl unter die Türklinke jede Nacht,
damit du aufwachst, wenn wer in deinen Schlaf
                                    einbricht,
und das Kind, das nie ganz wach wird
in der Schwüle aus pot und mushrooms.
MEDEA Wir haben sieben Jahre lang

das Bett geteilt und unser Leben.
Und hatten gleiche Rechte.
Wir waren gleich.

JASON Ja, gleich. Gleiche unter Gleichen.
Kellner Köche Putzfrauen.

MEDEA Womit man sich eben durchschlägt.
Das wird sich ändern. Irgendwann.

JASON Das muß sich ändern. Jetzt.
Ein billigeres Leben finden wir nicht mehr.
Medea.
Wohin sollen wir noch gehen –

Schweigen.

MEDEA Warum habe ich nie einen reichen Mann
getroffen.
Warum.
Weil ich nicht wollte.
Ja. Manchmal bin ich mitgegangen mit einem
nur seiner Brieftasche wegen.
Unseretwegen.

JASON Was klammerst du dich noch an mich.

MEDEA So
sorgst du jetzt für eine Zukunft
ohne mich.

JASON Du wirst für deine Zukunft
selber sorgen und besser
allein.

MEDEA Soll ich dir sagen, daß du mich benutzt hast.

26

So lange, bis ich dich die fremde Sprache
dieses fremden Landes gelehrt habe.
Mein Geld gebraucht,
um den Captain des Frachters zu bestechen.
Meine Kraft gebrochen,
bis du eine Bessere findest,
die dir mehr von Nutzen ist.
Damit es sich gelohnt hat
endlich
daß du deine Mutter getötet hast –

Schweigen.

JASON Du kennst mich gut.
Ja, ich würde dich immer wieder betrügen,
mit jeder vielversprechenden Frau,
so lange, bis es sich auszahlt.
Dieses Leben.
Pause.
Sehr ruhig, langsam, kalt, fast drohend
Ich habe meine Mutter sterben lassen,
weil es ihr Wille war,
und vernünftig.
MEDEA Und wird dein neues vielversprechendes
Täubchen
das auch ertragen können –
JASON Sie wird es nicht wissen.
Pause.
Das ist zwecklos, Medea.

Wie du selber sagst, du hast keine Beweise.
Willst du als Lügnerin dich lächerlich machen,
hysterisch bist du schon.

Pause.

MEDEA Und sie, wirst du auch sie versuchen
                                        einzutauschen,
  nach einer Weile, wenn noch süßere Beute lockt.
JASON Wozu sich jetzt schon darüber Gedanken
                                        machen.
MEDEA Und in der Nacht, in der sie dich betrügt.
JASON Denkst du, ich werde ihr nicht genügen.
MEDEA Vielleicht jetzt noch.
  Sie ist jung.
JASON Sie wird keinen andern kennen wollen
  als mich.
MEDEA Dafür sorgst du.
JASON Die erste Nacht war ein Versprechen.
MEDEA Wie viele wird sie noch erzwingen können,
  bis du sie satt hast.
  Und – was weiß sie schon.
  Sie, die eine Jungfrau war bis vor zwei Wochen.
JASON Drei Wochen.
  Ich lehre sie.
MEDEA Und was kann sie dich lehren,
  das du nicht schon kenntest.
JASON Mach dir um meine Langeweile keine Sorgen.

Schweigen.

MEDEA Wie lange kennst du sie.
  Und wie lange sind wir uns vertraut.

Schweigen.

JASON Wenn ich leben könnte mit zwei Frauen,
  wäre ich glücklich.

Schweigen.

MEDEA Jason.
  Bleib mit mir –
  Pause.
  Jason.
  Kannst du den Kampf vergessen,
  um ein Leben miteinander.
  Kannst du vergessen,
  daß wir geschworen haben:
  Alles für einander.
JASON Das ist vorbei.
MEDEA Jason
  Ich
JASON Es ist vorbei.
MEDEA Es ist Blut auf diesem Weg.
  Jason.
  Das wird niemals vorbei sein.

Schweigen.

MEDEA Denkst du nicht mehr
    daran.
JASON Nein.
MEDEA Was ich getan habe für dich.
JASON Nein.
MEDEA Mit diesen Händen.
JASON Nein daran denke ich nicht.
MEDEA Jason.
JASON Für dich für dich
    Ich Ein Mörder Ich Ein Mörder
    Du Hexe.
MEDEA Ja.
    Hexe.
    Vielleicht.
    Vielleicht bin ich eine Hexe.
    Aber dann –
    was bist du,
    der mich dazu gemacht hat.
    Für den ich getan habe, was ich getan habe.
    Mit diesen Händen.
    Und du hast es gesehen.
JASON Ich habe dich nicht gezwungen.
MEDEA Erinnere dich.
JASON Schweig.
MEDEA Und ich habe nicht getan, was ich getan habe,
    für dich,
    damit du mich verfluchen kannst.
    Jetzt.
JASON Schweig.

MEDEA Und warum.
   Warum habe ich es getan.
JASON Hast du gedacht, du seist mir etwas schuldig.
   Dein Problem.
MEDEA Warum.
JASON Es gibt viele Gründe.
MEDEA Es gibt einen,
   den du nicht mehr wissen willst.
JASON Schweig Hexe.

Pause.

MEDEA Sag es.
   Sprich es aus.
   Hast du vergessen.

Pause.

JASON Du hast es mich nie sagen hören.
   Oder.
   Dieses Wort.

Lange Pause.

MEDEA Liebe.

Pause.

JASON Du hast es mich nie sagen hören.

Oder.
Dieses Wort habe ich nie ausgesprochen.
Und nicht, daß ich es könnte.
Pause.
Täusche ich mich.
Täusche ich mich.
Medea.
Habe ich dir einmal nur gesagt,
daß ich –
Pause.
MEDEA Nicht mit Worten.

Pause.

JASON Was willst du also noch
von mir.
MEDEA Und diese
Andere.
Für sie sprichst du es aus.
JASON Willst du, daß ich dich quäle.
Soll ich dich mich hassen lehren.
MEDEA Ich will sie wissen.
Wahrheit.
Wenn sie auszuhalten ist für dich,
wird sie es auch für mich sein.
Pause.
Liebst du sie.
JASON Ja.
Ich liebe sie.

Schweigen.

MEDEA Kannst du ein Gefühl haben,
    das wahr ist.
    Lügner.

Schweigen.

JASON Medea.
    Morgen wird Hochzeit sein.
MEDEA Wie heißt dieses Spiel, Jason.
    Es ist nicht echt.
JASON Ich habe dich nie belogen.
    Nie.

Pause.

MEDEA Ich habe immer noch das Messer.
    Die Zeit hat es nicht stumpf gemacht.

*Sie holt ein Messer aus der Tasche und ritzt sich eine
Handfläche auf.*

JASON Was willst du mir beweisen.
MEDEA *ritzt sich eine Wange auf*
    Ist es dir egal geworden,
    wie ich aussehe.
JASON Es wird andere Männer geben
    für dich.

MEDEA *ritzt sich die andere Wange auf*
  Dir ist es egal geworden,
  wer mich ansieht.

Schweigen.

MEDEA Es ist das gleiche Messer.
JASON Warum sprichst du davon.
MEDEA Das verbindet.
  Diese Nacht.
  Und alle die Nächte danach,
  in denen wir in dieser Schuld lagen,
  die wir teilen.
  Für immer.

Schweigen.

JASON Manchmal glaube ich
  die Augen deines Bruders in dem Kind zu sehen.
  Der Sterbende, der sich im Augenblick des Todes
  den unvollendeten Körper nimmt,
  zum neuen Wohnsitz und zur Rache.
  Und darin wird er für immer
  zwischen uns sein.
  Schweigen.
  Sieh mich nicht an.
  Medea.
  Pause.
  Ja. Dies Messer schneidet noch.

Pause.
Es hat sich nichts geändert.
Du willst die Wahrheit wissen.
In jeder Sekunde, in der ich
mit jener da zusammen bin,
denke ich an dich.
Pause.
Was tut sie ohne mich,
in dem schäbigen Hotel in Chinatown.
Die drag queens aus dem Zimmer nebenan
die einzigen Freunde, die ihr bleiben.
Angst vor jeder Razzia,
die sie aus dem Land verjagen kann.
Und was tue ich, hinter diesen Mauern,
Gold und Marmor um mich, ein Grab für Lebende
ohne dich.
Schweigen.
Ja.
Dies Messer schneidet noch.
MEDEA *leise*
Das wird nie vorbei sein.
JASON Deswegen Medea –
Mit uns würde immer Kampf sein.
Zwischen uns würde immer Tod sein.
Wir haben uns die Hölle geschaffen,
und ich muß dich lassen oder –
dieses Feuer frißt mich –
MEDEA Du liebst mich noch –
JASON Was soll ich tun –

Mir ein Zeichen auf die Stirn brennen –
Ja
Ja
MEDEA Du liebst mich noch –
JASON Und ich verfluche dich –

Pause.

JASON Ich verfluche dich,
  und ich will, daß du bei mir bleibst.
MEDEA Entschlossenheit war deine Stärke nie.
JASON Ich bin entschlossen.
  Meine Braut heißt Claire.
  Aber wenn sie meine Frau wird,
  soll auch für dich gesorgt sein.
  Das ist mein Plan.
  Sie weiß von dir.
  Und es steht nichts dagegen,
  daß du in dieses Haus kommst,
  und wir für das Kind gemeinsam sorgen.
MEDEA Das wiederhole mir –
  Sie hat nichts dagegen,
  mich aufzunehmen –
  Soll ich das Zimmer neben eurem haben,
  damit ich deine Liebesdienste hören kann ihr,
  Nacht für Nacht
  ihre entzückten Schreie,
  wenn du ihr Verliebtheit vorspielst.
  Soll ich es hören, wie du sie vögelst

Nacht für Nacht,
ihre Lust die Waffe, mit der du sie besiegst,
und dir gefügig, hörig hältst.
Soll ich es hören, wie mein Kind
eine Fremde seine Mutter nennt.
Willst du mir meine Strafe jetzt schon geben
und lebenslang.
Pause.
Wie grausam kannst du sein Jason –
JASON Warum nicht.
   Warum nicht.
   Dein Leben wäre aufgehoben
   in meinem Haus.
   Wir können zusammen bleiben.
   Und das Kind mit uns.
MEDEA Du weißt nicht was Liebe ist Jason –

Pause.

JASON Claire wird dir eine Freundin sein.
MEDEA Claire und Jason.
   Das ist die Spitze eines Messers.
JASON Sie ist jung. Neugierig.
   Sie wird von dir lernen wollen.
MEDEA Ja. Sie ist jung. Sie ist schön.
   Ihre Haut ist weiß.
JASON Ja. Ihre Haut ist weiß und –
MEDEA Und –

37

JASON Und –
Sie ist Unschuld.

Schweigen.

MEDEA Geh Jason
und feiere Hochzeit.

Pause.

MEDEA Geh.
Bevor dieses Messer noch einmal tötet.
JASON Ich verstehe dich nicht mehr.
MEDEA Ich warte auf das Kind.
JASON Seine Zukunft wirst du nicht mit ihm teilen,
wenn du nicht mit mir kommst.

Schweigen.

JASON Wie lange willst du noch hier stehen.
Bis du vertrieben wirst wie eine Ratte.
MEDEA Jetzt noch auf diesem Platz
habe ich ein Recht zu sein
Nicht
Bevor du mich austreibst oder
ich mir Wein unter das Gift mische
um ihm das Bittere zu nehmen
Und wenn es mir das Blut
aus den verätzten Poren treibt

werde ich sagen
Leck es, schmeckt es nicht wie Wein
Süßer

JASON Deine Drohung ein falsches Versprechen.
Nie würdest du dir deinen Tod geben.

Pause.

MEDEA Jason Mein Mann
Wer bist du

Jason ab.

MEDEA Nicht für Jason
   Nicht für mich
   Nicht für das Kind
   Nicht weil das Messer in meiner Hand war

   Für ein Gesetz

   Der Falke
   Lilie im Schnabel
   fliegt über Schnee

   Das war mein Gesetz, Jason
   dir zu folgen und meiner Stimme
   Und das war eins für lange Zeit
   meiner Stimme zu folgen und dir
   Jetzt
   ist kein Gesetz mehr
   Außer mir

Auftritt Deaf Daisy.

DEAF DAISY *singt* Als ich in das fremde Land kam,
dich zu suchen, mein Herz, dich zu suchen,
stand ich vor deiner Türe lange,
meine Taube, meine Taube, und verströmte Tränen –

Sie und Medea beobachten sich eine Weile schweigend.

DEAF DAISY Sprechen Sie klarer, ich lese von den Lip-
pen.
MEDEA Was hätte ich mit Ihnen zu besprechen.
DEAF DAISY Jeder redet in dieser Stadt auf jeden ein.
Ununterbrochen. Warum sollten Sie eine Ausnahme
sein. Die Wörter fliegen nur so. Manchmal zwar fal-
len sie sofort zu Boden und sind tot, Falter, zu früh
aus dem Kokon geschlüpft. Aber viele schweben wei-
ter und führen ein schwereloses Leben in der Luft.
Die Musik der Straßen – Hören Sie –
MEDEA Nein.
DEAF DAISY Wenden Sie mir Ihre Lippen zu.
MEDEA Nein.
DEAF DAISY Sie trauern ja.
Tränen aus Blut.
Wozu. Dazusein und hier ist eine Lust. Selbst in Al-
phabet City findet das Leben eine seltene Schönheit.
Dort, wo die Avenues keine Nummern tragen, son-

dern Buchstaben, A B C. Denn als sie diese Stadt auf-
zeichneten, dachten sie nicht, daß in jenen Straßen
Menschen wohnten; sie sahen ihnen nur ähnlich, eine
Laune der Natur. Später dann, als es ihnen einfiel, sie
eine Laune Gottes zu nennen, zählten sie die Straßen
zu den Avenues, aber die Zahlen waren schon verge-
ben.

MEDEA Ich kenne die Gegend.

DEAF DAISY Ich bin dort geboren, zwischen einem lee-
ren Faß und einem Kotflügel. Das beschreibt die Poe-
sie des Ortes. Mein Vater war eine rostbraune taillier-
te Jacke mit Samtkragen, unecht, und einem
Manschettenknopf am linken Ärmel seines Hemdes.
Meine Mutter hauptsächlich ein mauvefarben ge-
blümter Wickelrock mit Totenköpfen am Saum.
Oben trug sie nichts. Ich habe meinen Schönheitssinn
erzogen, mühsam, auf den Straßen. Verraten Sie mich
nicht. Heute denken sie, die Lust, in Stöckelschuhen
zu gehen, kommt aus den Genen. Wenn sie wüßten,
wie einen die Füße schmerzen, bis man es *lernt.*
Pause.
Sie haben hier nicht zufällig interessante Kleidung
herumliegen sehen, Hüte Schuhe Taschen. Man sollte
meinen, die Leute in dieser Straße wären großzügig,
wenn schon nicht verschwenderisch, im Wegwerfen
ihrer Garderobe. Es ist ein enttäuschendes Paradox,
daß sie es nicht sind. Ich sollte diese Häuser meiden,
aber ein wahnwitziger Drang zum Optimismus
zwingt mich, das Gesetz der Erfahrung mit dem Ge-

setz des Zufalls eines Besseren belehren zu wollen. Und dann, Gerüchte treiben mich hierher, Gerüchte –

Wie ist es mit Ihnen --

MEDEA Zwischen Scherben etwas Kostbares finden zu wollen – nein. *Pause.* Kennen wir uns nicht vom Sehen. Wie heißen Sie.

DEAF DAISY Ich, ich bin Deaf Daisy.

MEDEA Death Daisy. Daisy, der Tod oder –

DEAF DAISY Nein nein, die Taube, Daisy die Taube. Ja. Ich bin Deaf Daisy. Ich bin das Gehäuse der Klanglosigkeit, die keine ist. Nur Abwesenheit von hörbaren Tönen. Ich kenne nicht meine eigene Stimme. Aber ich fühle sie pulsieren. Wie alle Geräusche lautlos in mir schwingen und vibrieren. Ich trage die Stille des Weltraums in mir, die hellhörige, die dem Tod vorausgeht. Lauschen Sie nur –

Schweigen.

MEDEA Wie haben Sie Ihr Gehör verloren.

DEAF DAISY Die Jacke schoß dem Wickelrock das Gehirn aus der Fassung. Es flog rechts und links an mir vorbei, ein Teil blieb in meinen Haaren kleben. Ich, ein Kind, hatte einen Hörsturz. – Das erste Lied, das ich lesen lernte, heißt »Accidents will happen«. Daran halte ich mich.

Schweigen.

MEDEA Ich höre, auf der Lower Eastside gibt es nur eine Frau, die mit dem Tod tanzt, ohne zu verstummen. Es gibt nur eine Frau, die auf Beerdigungen singt.
DEAF DAISY Das sagen sie. Schmeichelhaft.
MEDEA Ich bitte Sie um einen Dienst.
DEAF DAISY Welcher Art.
MEDEA Ich brauche ein Kleid in Rot. Es muß eng sein, eine zweite Haut vom Hals bis zu den Fußknöcheln und den Handgelenken.
DEAF DAISY Rot zur Trauer. Das nenne ich Freude an der Verzweiflung.
MEDEA Rot zur Hochzeit.

Schweigen.

DEAF DAISY Zur Hochzeit. *Pause.* Wer heiratet. – Wer bist du.

Schweigen.

MEDEA Mein Name ist Medea.
DEAF DAISY *pfeift leise* Als ich in das fremde Land kam,
dich zu suchen, mein Herz, dich zu suchen …
Schweigen.
Es gibt einen Keller in Soho, gebrauchte Abendkleider. Wenn du nicht fragst, woher – Der Preis ist beinahe nichts.
MEDEA Ich sage dir, wo du findest, was ich suche. Das Kleid, das ich im Sinn habe, ist aus Leder. Unten am Fluß sind die Fabriken und die Gerberei.

DEAF DAISY Nicht ungefährlich. Die Fabriken gehören dem Sweatshop-Boss. Ein Dieb an seinem Eigentum könnte leicht mit gebrochenen Fingern und abgeschnittenen Ohren wiedergefunden werden – Nicht, daß es mir auf die Ohren ankäme –

MEDEA Ich will, daß du mir ein Kleid aus dem Müll holst, der darauf wartet, entsorgt zu werden; ein Kleid, das zu lange im Säurebad war –

DEAF DAISY Die Farben leuchten auf dem Leder wie die Regenbogen am Christopher Street Day. Aber wo sie von der Färberei in den Fluß hinausgepumpt werden, verquirlen sie sich zu einer Brühe, so ätzend, daß allein das Atmen dir die Nase wegfrißt und die Lungen ausfranst. Wer ein Kleid aus dieser Lauge trägt, der sieht keinen Morgen mehr.

MEDEA Die Haut muß tödlich sein.

Schweigen.

DEAF DAISY Das hat seinen Preis.

MEDEA Was verlangst du.

DEAF DAISY Wenn ich zurück bin.

MEDEA Ich warte.

DEAF DAISY *im Gehen, kommt noch einmal zurück*
   Hörst du sie –
   Schweigen.
   Hörst du sie jetzt –

MEDEA Was –

DEAF DAISY Die Stille.

5

Auftritt Sweatshop-Boss. Er sitzt im Rollstuhl.

SWEATSHOP-BOSS Bist du die Fremde.

MEDEA Medea.

SWEATSHOP-BOSS Warum lungerst du hier. Warum
kommst du nicht ins Haus. Hat dich der Mann nicht
eingeladen, Jason.

MEDEA Ich bin die Fremde. Das ist nicht mein Haus.

SWEATSHOP-BOSS Die Rechnung ist zu einfach. – Wenigstens für mich. – Gut. Dein Name ist Medea. Bedeutet das etwas.

MEDEA Der Name bedeutet, was er bedeutet. Mich.
Nichts sonst.

SWEATSHOP-BOSS Sie nennen dich Hexe.

MEDEA Das kommt in Mode. Und ist doch nur be-
quem. Der Ausdruck einer Faulheit, die ausruft: die
Willkür böser Götter, wenn sie auf die Folgen ihrer
Taten sehen muß. Das zieht sich leicht aus der Ver-
antwortung.

Pause.

SWEATSHOP-BOSS Du bist die Frau des Mannes, der
meine Tochter heiraten soll, morgen. Wie ich höre,
nennst du dich seine Frau, und er spricht von dir als
seinem Weib. Was ihr eurem Beischlaf für Namen

gebt, ist mir egal. Morgen wird ein neues Paar gezeugt vor dem Gesetz. Und das alte ist wie nie gewesen.

MEDEA Nicht der Buchstabe und nicht eine Form löschen ein Leben aus.

SWEATSHOP-BOSS Du kämpfst noch um ihn.

MEDEA Nur um das Kind.

SWEATSHOP-BOSS Sieh, Medea. Jason bittet mich, dich aufzunehmen. Was höre ich in seiner Stimme: Mitleid. Einen Anflug von Schuld. Eine Vaterpflicht. – Er versucht, seine Gründe zu verstecken hinter einem – und ruft meine Menschlichkeit an. Das macht mich lachen. Oder sollte ich sagen, mißtrauisch. Was weiß ich. Vielleicht ist Begierde sein Motiv. Er will dich noch zur linken Hand. Meine Tochter ist eine Geldheirat, und jeder Schwanz in der Stadt ist scharf auf sie. Sie weiß das auch. Es hat etwas Befriedigendes, sich einen hergelaufenen Hund aus Chinatown zu nehmen, und dafür die müde hechelnden dekadenten Stammbaumrüden auszuschlagen. Nicht. Man spürt die Dankbarkeit doch eher, die Devotion, und dann – sein Fell hat den Geruch der Straße, das kitzelt sie. Aber, sie wird noch sehen, wie diese Hunde beißen. Das wird ein Spiel. Ich freue mich darauf. Das Ende ist noch nicht entschieden. – *Pause.* Jason also – bildet sich ein, du könntest hier im Haus bleiben. So weit geht meine Spiellust nicht, daß ich die Geliebte gleich vor die Türe meiner Tochter setze. Und, warum sollte ich ein Wohltäter an dir sein wollen. – Was ist das für ein Wesen, das um mein Haus schleicht. Medea.

MEDEA Ihre Unruhe hat keinen Grund. Jason liebt Claire. Und ich werde gehen, woher ich gekommen bin. Mit meinem Kind.

SWEATSHOP-BOSS Das ist ein anderer Punkt. Dieses Kind. Warum sollte ich einen Bastard in meinem Haus aufwachsen sehen.

MEDEA Das ist nicht mein Wunsch.

SWEATSHOP-BOSS Nein, auch darum bittet Jason mich. Und meine Tochter hat er auf seiner Seite. Fürsprecherin einer anderen Mutter.

MEDEA Sie ist die letzte, die in meinem Namen spricht.

SWEATSHOP-BOSS Ich finde das auch – seltsam. Aber – ah, sie ist jung, sie möchte Jason zu Gefallen sein. Ja. Ich verstehe deine Sicht vollkommen. – Andererseits – warum sollten wir dem Kind eine Chance verweigern, die es sonst nicht hätte.

MEDEA Ich nehme keine Almosen.

SWEATSHOP-BOSS Nicht du, Medea. Dein Fleisch. Und keine Almosen. Bildung.

MEDEA Geld.

SWEATSHOP-BOSS Ein kluges Kind. Sagt, es habe keinen Namen, und es sei eines Nachts aus dem Wasser geboren.

MEDEA Fantasien.

SWEATSHOP-BOSS Sie nennen dich Hexe, Medea aus Manhattan. Sag mir, wo hast du deinen Bruder gelassen.

MEDEA Ich habe keinen Bruder.

SWEATSHOP-BOSS Einmal, vor wieviel Jahren, kam ein

Matrose zu mir, von einem meiner Frachter. Biß sich auf der Zunge herum und spuckte dann aus, der Captain hätte drei blinde Passagiere übers Wasser gebracht. Das heißt, drei seien an Bord gegangen, aber nur zwei hätten das Schiff verlassen. Kann sich ein Mensch in eine Wolke verwandeln. Ja, sag ich dem Matrosen. Oder er kann sterben. An einer Krankheit. Und muß ins Wassergrab. – Soll man ihm jetzt noch eine Schwester schicken.

MEDEA Ich will nichts von Ihnen. Was wollen Sie von mir.

SWEATSHOP-BOSS Sagen wir, es geht mir um den Schmerz der Wahrheit, der grausam macht, vor allem gegenüber sich selbst, aber auch gegenüber anderen. – Sagen wir, die alten Gesetze gelten noch. Auge um Auge, Zahn um Zahn. Und sagen wir, ich möchte ein Kind behalten. Meiner Tochter könnte etwas zustoßen.

MEDEA Ein lebendes Pfand.

SWEATSHOP-BOSS Auch nur ein Wort. Nenn es wie du willst. Diese Stadt lebt von Verwandlung. Medea. Wie lange bist du hier. Was hast du gemacht aus dir. Hast du dich verändert.

MEDEA Ich habe das Wahre im Dauernden gesucht. Das sollte mein Fortschritt sein.

SWEATSHOP-BOSS Dauer – *Lacht auf. Pause.* Nimm zum Beispiel meine Beine. Meine Beine haben sich in Geld verwandelt. Ich wurde in einem Viertel geboren, dessen Namen ich nicht mehr erinnern will. Meine

Mutter aus Peru, mein Vater Russe. Sie war Wäscherin, er hat tote Schweine ausgenommen. Da war kein Geld zurückzulegen. Ich habe angefangen als Arbeiter am Hafen mit zwölf. Die Arbeit machte mich kräftig. Ich wurde Vormann. Bis ein Lastkran eine Ladung Eisenplatten fallen ließ auf Beton. Das Eisen erwischte meine Beine. Sie mußten sie amputieren, erst das rechte, dann das linke, um die obere Hälfte meines Körpers zu retten. Ich war bei vollem Bewußtsein. – Seitdem habe ich keine Träume mehr. – Mit geliehenem Geld habe ich mir selber Arbeiter genommen und in einem Keller in Chinatown *mein* bizness angefangen. Ich lasse sie Kleider nähen. Heute nennen sie mich Sweatshop-Boss. Sprich den Namen aus dort unten. Sie wissen, was sie mir verdanken.

MEDEA Aber ich. Ich schulde Ihnen nichts. Ich bin Ihnen nur zufällig begegnet.

SWEATSHOP-BOSS Du bist beharrlich. Stur. Medea. – *Pause.* Du wirst die Stadt verlassen müssen. Und dieses Land, in das du dich hineingeschmuggelt hast mit blutigen Händen. Du wirst es verlassen müssen. Ohne dein Kind. Ohne Bedingung. Weil ich es so will.

MEDEA Mir haben andere als Sie gedroht.

SWEATSHOP-BOSS Eine Drohung. – Ja, ich bin nicht alt genug, um einen Rat zu geben.

MEDEA Ich gehe nicht ohne mein Kind. Ja, ich habe mich eingeschlichen mit blutigen Händen. Ich habe ein Leben für ein anderes genommen. Meinen Bruder, der wie mein zweites Leben war. Um eines Mannes willen, der kein Messer wert ist. Jetzt zählt nur noch das Kind. Und dieses Leben, für das ich getötet habe, wirst du mir nicht nehmen. Und keiner jemals.

SWEATSHOP-BOSS Du fliegst gerade wie ein Pfeil. – Du hast viel zu verlieren. Aber miss dich nicht mit mir. Ich bin biegsam. Die harten Winde über meinem Leben haben mich gelehrt, geschmeidiger zu sein als junger Bambus. Kein Messer, das mich schneidet, und keine Hand, die mich bricht. – Nicht mich, und nicht, was zu mir gehört.

MEDEA Es gibt keinen Ort mehr, wohin ich gehen könnte.

SWEATSHOP-BOSS Du wirst einen finden.

MEDEA Nein –

Nein –

Wie könnte ich eine Gefahr sein für dieses Haus, selbst wenn ich bliebe. Allein das Kind mit einer fremden Frau zu lassen, ist Strafe genug. Ja. Ich bin in Ihrer Hand. Bei jedem falschen Schritt, den ich tue, wird der Schatten Ihrer Macht mich einholen. Aber vertreiben Sie mich nicht –

SWEATSHOP-BOSS Wirst du weich. Es macht mir kein Vergnügen, dich bitten zu sehen. Verzweiflung und Schwäche sind das Privileg der Alten. Und derer, die den Tod fürchten. Du hast bewiesen, daß es falsch wäre, dich zu letzteren zu zählen. Ich bewundere dich für deine Härte, nicht für deine Tränen. Wenn sie nicht eine Gefahr für mich wäre, könnte ich versucht sein, sie in meine Dienste zu nehmen. – Du hast sie Jason voraus. Er ist nur ein – Liebhaber. Aber da meine Tochter ihn will – *Pause.* Und zudem, du spielst die Schwäche nicht gut genug, um mich zu überzeugen.

MEDEA Wie Sie mich fürchten müssen.
Wie Sie mich hassen müssen.

Schweigen.

SWEATSHOP-BOSS Ich bin nur – vorsorglich.

Schweigen.

MEDEA Soll ich für das Vergnügen einer Fremden zahlen. – Wie lange wird es dauern, bis Claire den Hund aussetzt. Mit einem Tritt zurück auf die Straße.

SWEATSHOP-BOSS Das – ist nicht deine Sorge mehr.

Schweigen.

MEDEA Darf ich das Kind zum Abschied sehen.

Pause.

SWEATSHOP-BOSS Velazquez wird dabei sein.
Ich vertraue deiner Vernunft.

Ab.

6

MEDEA Für Jason
   Für das Kind
   Weil das Messer in meiner Hand war

   Für welches Gesetz

   Der Falke
   Lilie im Schnabel
   Fliegt über Schnee

   Falke ohne Lilie
   Bleibt

   Roter Schnee

7

DEAF DAISY *singt* Als ich in das fremde Land kam,
dich zu suchen, mein Herz, dich zu suchen – ...

Sie gibt Medea einen schwarzen Müllsack.

DEAF DAISY In dieser Mülltüte, Schwester, befinden
sich die Schätze des East Rivers. Geh vorsichtig damit
um, sie explodieren leicht.
MEDEA Was verlangst du.
DEAF DAISY Manche Vergnügen sind billig zu haben,
dann will sie keiner, manche sind absolut unbezahl-
bar, das macht sie begehrenswert. Eine Rechnung für
die uptown-Kunden, die dem Gesetz des Mehrwerts
so sehr zu Füßen liegen, daß sie ihren Nacken freiwil-
lig unter dessen harten Absatz zwingen würden, um
die Lust der Unterwerfung erst richtig auszukosten,
denn schließlich sind sie es, die die Domina des
Markts bezahlen. Ich bin noch nicht auf dieses Karus-
sell gesprungen, ich höre nur die Melodie, das leiert
und hat Sprünge. Sagen wir, ich gebe diesen Müllsack
für ein Schauspiel. Wird es eine Komödie, wird es eine
Tragödie, es tut nichts, wenn es nur ein echtes Spiel ist.
MEDEA Ich werde dir ein Feuerwerk zu sehen geben.
Die Unschuld soll brennen.
DEAF DAISY Ein Feuerwerk. Was für ein Datum haben
wir. Die Unabhängigkeit, am East River zu feiern. Das
gibt Arbeit für die Sirenen. Das explodiert nur so und

vertausendfacht sich in der Luft, strahlt und verglüht, und soll keine anderen Kometen neben sich haben als künstliche. Und wir freuen uns daran und bestaunen unsere eigenen Wunder. Ja. Ein Leben für ein Feuerwerk.

MEDEA Kann ich es tun. Kann ich es tun.

Sie sagen, sie ist jung. Schön. Sollte ich Mitleid mit der Schönheit haben.

DEAF DAISY Schönheit – die Lüge im Auge des Betrachters. Feiern wir das Unvollkommene als schön.

MEDEA Und man wird ihre Seele suchen. Etwas, das man begraben und betrauern kann.

DEAF DAISY Man wird sehr traurig sein, wenn sie sich nicht finden läßt. Wo können wir sie vergessen haben. Was sollen wir nur in die Urne tun. Eine Blechdose mit Staub, sinnlos. Sollen sie doch ihr Schoßhündchen ausstopfen und auf das Grabmal setzen. Das hat wenigstens eine Form.

MEDEA Was für ein grausamer Tod. Und grausamer doch nicht als mein Leiden.

DEAF DAISY Ein Feuerwerk – das die Engel dieser Stadt zu Asche macht, die längst ihre Seelen verloren haben. Ihre blassen Gesichter werden rot, brennen, und wehen, grauer Staub, ins Nichts. – Von weit her hört man noch, vielleicht, den Hauch eines Violinenspiels. Dann ist Stille.

Schweigen.

Wie arm sind wir.

Deaf Daisy zieht sich in eine Ecke zurück und wartet, beobachtend.

8

MEDEA Manchmal glaube ich
die Augen meines Bruders zu sehen
in den deinen.
Der Sterbende, der sich im Augenblick des Todes
den ungeborenen Körper nimmt,
zum neuen Wohnsitz und zur Rache.
Und darin wird er für immer
zwischen uns sein.

Auf dem Schiff, das uns in seinen Eingeweiden birgt,
stampfende Motorkolben, schwitzende Zylinderroh-
re und Dampf aus offenen Ventilen, mein Bruder, ich
und Jason. Keiner der fremden Sprache des fremden
Landes mächtig außer mir. Keiner im Besitz von ba-
rem Geld, das ausreichte, um dem Captain die Schuld
zu zahlen für unsere Überfahrt, außer mir. Die zweite
Woche. Eines nachts. Ich sage Hunger. Mein Bruder
sagt Dein Anteil unseres Proviants erst morgen früh.
Jason sagt Iß. Ich gehe an den Sack mit Brot. Mein
Bruder sagt Nein. Jason sagt Iß. Ich weiche das Brot
mit dem Schwitzwasser, das von den Rohren tropft.
Mein Bruder sagt Warum Ist sie anders Das geht die
vierte Nacht so Die nächste Nacht noch und der Sack
ist leer. Jason sagt Wir werden für sie hungern. Mein
Bruder sagt Ich hungere für niemand mehr seit ich die
Küste meines Landes zuletzt gesehen Das ist mein
Schwur. Er reißt das Brot aus meiner Hand. Jason sagt

Schwein Mein Bruder Es gibt keinen Grund Jason Sie
ißt für zwei Mein Bruder Feines Paar Das sagt ihr jetzt
Jason Nicht dein Geschäft Mein Bruder Wir sind zu
dritt auf dieses Schiff gegangen Wir werden dieses
Schiff verlassen zu dritt Ich sage Schwein Mein Bruder
Wir haben nicht das Geld für vier Ich Ich habe es Mein
Bruder Das reicht nicht für ein viertes Es reicht kaum
für uns Du wirst es töten Ich sage Nein Mein Bruder
Du wirst es müssen Hexe Ich sage Und wenn ich wüßte wie ich würde es nicht tun Mein Fleisch Mein Bruder Dann tu ich es Jason sagt Nein Mein Fleisch wird
dieses neue Land sehen Unsere Zukunft Mein Bruder
Nicht die meine Ich sage Wer bist du Mein Bruder Ein
Fremder Er sagt Dann gebt mir meinen Anteil Ich sage
Nein Verräter Habe ich dich je gekannt Der Bruder
packt ein Rohr Ich erschlage dein Fleisch Hexe Wenn
du es nicht tust Ich greife in den Brotsack und fühle
das Messer Jason fällt den Mann von hinten an und
faßt seine Arme Meine Hand sticht zu

Jason Wir haben den Leib des Mannes in Fetzen aus
Plastik gewickelt ihn verschnürt daß seine Glieder
zusammenhalten und ihn in der Nacht an Deck gebracht darauf achtend daß kein Blut kein Tropfen auf
den Planken uns verrät und ihn unter der Reling hin-
durchgerollt und er verschwand im Dunkel einfach
war das es blieb keine Spur kaum ein ferner Wellen-
schlag als das Wasser ihn verschlang wir lauschten in
den schwarzen Raum des Meeres der Nacht weit um
uns das Schiff fuhr weiter und Ich war ohne Tränen

57

Schweigen.

Auftritt Jason.

JASON Du verzichtest.
MEDEA Auf alles.
  Der Herr in diesem Haus läßt mir keine Wahl.
JASON Ich hatte ihn so gebeten. Er läßt mich nicht
  mehr davon sprechen. Wenn ich bestimmen könnte –
MEDEA Zu spät. Er hat andere Pläne als du.
JASON Wohin wirst du gehen.
MEDEA Nirgendwohin.

Schweigen.

JASON Ich hatte einen Traum. Der Tag meiner Hochzeit. Dreihundert geladene Gäste; darunter der Mayor, die Gouverneure. Das Orchester spielt den
  Hochzeitswalzer; die Gäste tanzen. Der König berei-
  tet die Trauung vor. Er kleidet mich ein, legt mir einen weißen Mantel um; eine Kette aus Gold und Dia-
  manten; er steckt mir Ringe an mit Edelsteinen. Da
  sind zwei Bräute auf dem Fest: du und Claire. Du
  trägst ein weißes Kleid. Claire ist in schwarz. Der König beginnt die Zeremonie. Die Gäste reden noch und
  lachen, feierlich und leise. Der König fragt mich: Und
  welche soll deine Frau sein. Ich kann es ihm nicht sagen. Es ist still. Sie warten auf meine Antwort. Ich sage: Das wird eine Überraschung werden. Später. Und

ich drehe mich um. Die Gäste sind verschwunden. Du bist fort. Und Claire. Ich rufe Medea. Keine Antwort. Ich rufe Claire. Es hallt zurück Claire. Ich bin allein.

Schweigen.

JASON Medea. Hilf mir.
MEDEA Ja Jason. Ich helfe dir.
   Du hast deine Wahl getroffen. Jetzt gibt es kein Zurück mehr.
   Ich verzichte.
   Fällt dir das Ja dann leichter.
JASON Ich kann dich nicht verlieren.
MEDEA Und Claire nicht.
   Hier ist mein Geschenk.
   Es soll ihr Brautkleid sein.
   Nicht schwarz. Feines rotes Leder.
   Es wird nur eine Braut geben.
JASON Ich erwarte nichts mehr.
MEDEA Geh.
   Zieh es ihr an. Und sei behutsam. Diese Haut ist kostbar.
JASON Wir werden Freunde sein.
MEDEA Geh Jason.
   Geh und tanze.

Jason ab.

9

*Velazquez, einen Gegenstand in einer Mülltüte unter
dem Arm.*

VELAZQUEZ Man sagt mir, ich soll dabei sein, wenn Sie
mit dem Kind sprechen. Als ob ich nichts Besseres zu
tun hätte, als das Unglück anderer Leute anzusehen.
Pause.
Hier, das habe ich für Sie kopiert. Soll kein Trost sein.
Nur damit Sie wissen: solange ich in diesem Haus
doorman bin, vergreift sich keiner an dem Kind. Und
das wird Sie immer daran erinnern.

Er wickelt das Bild aus.[1]
Das Kind kommt aus dem Haus.

VELAZQUEZ Sagen Sie nichts. Keinen Dank. Ich habe
nur mein Bestes getan. Denken Sie an mich. Und jetzt
gehe ich. Ich kann keinen Abschied sehen.

Ab.

---

1 Diego Velázquez: Der Infant Philipp Prosper. 1659

MEDEA *umarmt das Kind*
  Mein Bruder. Du hattest recht.
  Es reicht nicht für vier.
  Es reicht nicht einmal für drei.
  Ich gebe dich zurück.
  Und dann wird Frieden sein.
  Und ich werde endlich
  allein sein mit mir.
  Nur für mich.
  Für mich.
  Für mich.
  Schweigen.
  Ich liebe dich.

Sie erstickt das Kind mit der Mülltüte.

Schweigen.

MEDEA Von jetzt an
  werde ich
  eine lebend Tote sein.

*In der Tür des Hauses erscheint eine Fackel, menschen-
groß, lodernd. Man hört sonst kein Geräusch. Keinen
Schrei. Nur Stille. Das Feuer greift auf Velazquez' Ge-
mälde über. Solange die Fackel brennt, singt Deaf Daisy.
Mit ihrer Stimme erstirbt auch das Feuer. Anstelle des
ursprünglichen Bildes kann man nun Picassos ›Las Me-
niñas‹ erkennen.*

DEAF DAISY Als ich in das fremde Land kam,
dich zu suchen, mein Herz, dich zu suchen,
stand ich vor deiner Türe lange,
meine Taube, meine Taube, und verströmte Tränen.

Sagst du dich los, mein Herz, sagst du dich los,
von unserer Treue, unserer Liebe,
erinnere dich an unsere Versprechen,
meine Taube, meine Taube, und komm zu mir
                                                                    zurück.

Was du besitzt, mein Herz, will ich in Flammen
                                                                    sehen,
dein Haus soll brennen,
und dein Gesicht eines Engels,
meine Taube, meine Taube, in meine offenen Hände
soll es fallen.[2]

---

2 Text eines sehr alten mazedonischen Volksliedes. Das Original lautet:

koga si pojdov v tugjina,
dafino mome, dafino,
kraj vašte porti pominav,
moj galabe, i solzi poronav.

otkažuvaš libe, otkažuvaš,
od našta verna si ljubov,
dumite da si gi prispomniš,
moj galabe, i nažad da se vratiš.

vašiot imot, da plamne,
i vašta kuća da izgori,
i tvoijto angelsko lice,
moj galabe, na moite race da padne.

Blaubart – Hoffnung der Frauen

PERSONEN

HEINRICH BLAUBART
JULIA
ANNA
JUDITH
TANJA
EVA
CHRISTIANE
DIE BLINDE

Für Andreas Kriegenburg und die Schauspielerinnen und Schauspieler, mit denen die Uraufführung am Bayerischen Staatsschauspiel entstanden ist.

SZENEN

VORSPIEL. DIE BLINDE (I)

Heinrich und die Blinde auf einer Parkbank.

DIE BLINDE Sind Sie noch da.
HEINRICH Ja. Ja, ich bin noch da.
DIE BLINDE Suchen Sie jemand. Weil Sie diese merk-
  würdigen Fragen stellen.
HEINRICH Nein. Nein. Im Gegenteil.
DIE BLINDE Werden Sie gesucht.
HEINRICH Ja. – Ja.
DIE BLINDE Weswegen.
HEINRICH Ich bin ein Mörder.
DIE BLINDE Und jetzt. – Werden Sie mich gehen las-
  sen.
HEINRICH Ja. Gehen Sie.

*Die Blinde steht auf und geht. Heinrich sitzt eine Weile
da, legt sich dann auf die Bank, in seinen Mantel gewikkelt. Wind (vielleicht), Blätter (vielleicht). Er schläft
ein.*

PROLOG. DER BERUF

Nachdem Heinrich sich u.a. als glückloser Lehrling im Küchengewerbe und im florierenden Floristenzweig versucht hat, übt er nun den einfachen, aber anständigen und durchaus befriedigenden Beruf eines Damenschuhverkäufers im Einzelhandel aus. Bei seiner etwas langwierigen Suche hatten sich alle Berufe als ungünstig erwiesen, in denen er mit der Pflege von etwas und der besonderen aufmerksamen Hingabe an etwas oder der Einfühlung in etwas zu tun hatte, die womöglich noch dazu sein Improvisationstalent, seinen Geruchs-, Geschmacks- oder Tastsinn sowie sein Vorstellungsvermögen verlangten. Man könnte vermuten, es fehlte Heinrich an Fantasie.

Zum Damenschuhverkäufer wurde Heinrich nicht deswegen, weil er gerne schöne Frauenbeine zur Geltung bringen wollte. Er war nicht der Typ, der es genoß, im Sommer in Cafés zu sitzen und dem Gang der Frauen nachzusehen. Hätte man ihn gefragt, hätte er nicht einmal sagen können, welche Sorte Beine ihm am besten gefiel. Die dünnen, aber durchtrainierten der Däninnen; die gepflegten, aber immer zu kurzen italienischen; die kleinen fleischigen spanischen oder die rücksichtslos wollüstigen griechischen, bei denen sich die Oberschenkel aneinander reiben (so daß man sie nachsichtig mit weiten Röcken umhüllen muß); die sichelförmigen dünnhäutigen japanischen oder die sommersprossig weißen, beinahe gelenk- und muskellosen englischen, die drallen braungebrannten amerikanischen, die so aussahen, als wären sie schon mal geliftet worden, und denen man dennoch als unausweichlich sich langsam materialisierendes Erbe die zukünftige konturlose Fettheit schon ansehen kann. Heinrich kann darüber sprechen, ohne daß er davon bewegt wird.

Am Schuh interessiert Heinrich die handwerkliche Stabilität, die ordentliche Verarbeitung, ohne derb oder plump zu sein, es gefällt ihm auch ein kleiner eleganter Schwung, jedoch sollte dieser unauffällig, ohne jede künstlerische Überhöhung, eigentlich gar nicht zu sehen sein. In der Sprache des Designs heißt das Tripel-F (»form follows function«). Davon weiß Heinrich nichts. Vielleicht würde er diesem Motto sonst bei der Auswahl für ihn geeigneter Frauen folgen. Wäre er sich seiner Bedürfnisse und Vorlieben überhaupt bewußt, und wäre er derjenige, der auswählte.

Die Haltung, die Heinrich beim Anprobieren der Schuhe einnimmt – kniend vor der Kundin, einen unausgesprochenen Heiratsantrag nahelegend –, und die Geste, mit der er den anzuprobierenden Schuh aus der Schachtel nimmt, dem Seidenpapier sanft entwindet, ihn auf seiner Handfläche einmal um sich selber kreisen läßt, um ihn schließlich, mit dem Absatz nach vorne der vor ihm Sitzenden anzubieten, die Öffnung des Schuhs bereits fürsorglich mit drei Fingern der anderen Hand aufhaltend, sie, wo nötig weitend, so daß sie sich wie von selbst dar- und aufzutun scheint, ein bequemes Schlupfloch, in das der Fuß der Kundin nur hineinzugleiten die

Muße haben muß, um von nun an beschwerdelos leicht dahinzuschweben, diese seine Haltung also erinnerte die Frauen notgedrungen an das Märchen vom lange zu Unrecht verkannten Aschenputtel, dem endlich der Ritter den richtigen Schuh anpaßt –
Wer denkt schon in dieser Situation daran, daß es vor der Erfüllung heißen muß
    Ruckedigu
    ruckedigu
    Blut ist im Schuh

I. JULIA. ERSTE LIEBE

Frühling. Englischer Garten. Heinrich auf einer Parkbank, eisessend. Julia, ebenfalls eisessend, kommt näher.

JULIA Entschuldigung.

Sie deutet fragend auf die Bank. Heinrich macht eine Geste. Sie setzt sich. Pause.

JULIA Essen Sie auch so gern Eis.
HEINRICH Ich schlecke heute nur zufällig. Die Erfrischungstücher waren schon ausverkauft.

Pause.

HEINRICH Eis esse ich sonst nur, wenn ich in den Zoo gehe. – Das gehört irgendwie dazu.
JULIA Gehen Sie oft in den Zoo.

Pause.

HEINRICH Seit meinem siebten Lebensjahr nicht mehr.
JULIA Aus einem bestimmten Grund.
HEINRICH Es hat sich nicht ergeben.

Schweigen.

JULIA München hat einen sehr schönen Zoo.

HEINRICH München hat einen Tierpark. Hamburg hat einen Zoo. Auch Berlin und Frankfurt haben Zoos. Ich glaube, sogar in der Schweiz haben sie irgendwo einen Zoo, aber München hat einen Tierpark.

Pause.

JULIA München hat allerdings einen sehr schönen Tierpark.
HEINRICH München hat auch eine sehr schöne Fußgängerzone. – Trotzdem gehe ich da nicht einkaufen.
JULIA Warum nicht.

Pause.

HEINRICH Es ergibt sich nie.

Schweigen.

JULIA Aber in den Englischen Garten gehen Sie schon.
HEINRICH Manchmal.
JULIA Warum.
HEINRICH Das ergibt sich so.
JULIA Es ist aber nicht wegen der Nackten.
HEINRICH *schüttelt heftig den Kopf.*
JULIA Ich bin heute extra in den Englischen Garten gekommen wegen der Blumen.

Schweigen.

JULIA Wissen Sie, daß ich heute Geburtstag habe.

HEINRICH Wo ich erst seit fünfzehn Minuten mit Ihnen Eis esse.

JULIA Ich habe heute Geburtstag.

HEINRICH Das könnte jede behaupten.

JULIA *zieht ihren Ausweis* Beweis. Julia Ederhofer. Geboren: 26. 11. 1980.

HEINRICH Zufälle gibts.

Schweigen.

HEINRICH Herzlichen Glückwunsch.

Pause.

HEINRICH Darf ich Sie vielleicht zu einem Eis einladen.

JULIA Jetzt stellen Sie sich vor, ich bin an meinem Geburtstag noch nicht einmal geküßt worden.

Pause.

HEINRICH Sind Sie Waise.

JULIA Warum.

HEINRICH Sind Sie verwaist. Einsam und allein auf der Welt.

JULIA Und vermögend –

HEINRICH Entschuldigung, das war nur, weil Sie sagten, daß Sie noch nicht –

Schweigen.

HEINRICH Darf ich Ihnen einen Geburtstagskuß zum
   Geburtstag geben –
JULIA Bitte.

*Heinrich küßt sie vorsichtig auf die Wange. Stille. Sie
küssen sich vorsichtig auf den Mund. Stille. Es hat ihnen
ziemlich gut gefallen. Sie tun es noch einmal.*

JULIA Ich heiße Julia.
HEINRICH Ich weiß. Das stand auf deinem Ausweis.
JULIA Und du.
HEINRICH Ich habe meinen Ausweis nicht dabei.

Sie küssen sich.

HEINRICH Ich heiße Heinrich.

Schweigen. Sie küssen sich wieder.

HEINRICH Das geht so leicht.
JULIA Hast du das noch nie getan.
HEINRICH Hat sich noch nicht so oft ergeben.

Sie küssen sich.

HEINRICH Mir kommt vor, mit dir ist es besonders
   leicht.

JULIA Ich werde dich heiraten.

Pause.

JULIA In meinem Horoskop steht: Sie werden heute jemandem begegnen, dem Sie für den Rest Ihres Lebens
treu bleiben werden. – Heinrich!
HEINRICH Da stand mein Name –

Julia nickt.

HEINRICH Horoskope sind Schwindel. Alles Schwin-
del.
JULIA Gib mir deine Hand.
HEINRICH Wozu. Ich lasse mir nicht auch noch
Schwindel aus der Hand lesen.
JULIA *nimmt seine Hand* Ich, Julia, nehme dich, Hein-
rich, hiermit zu meinem angetrauten Mann vor Gott
und der Welt; ich schwöre, dich zu lieben und zu eh-
ren, dir treu zu sein und dir beizustehen in guten wie
in schlechten Tagen, in Gesundheit und Krankheit,
bis daß der Tod uns scheidet. – Jetzt sprich mir nach:
Ich, Heinrich –
HEINRICH Laß das –
JULIA Du mußt mir nachsprechen.
HEINRICH Wir kennen uns erst seit – einer Stunde fünf
Minuten.
JULIA Ja. Deswegen müssen wir uns beeilen. Wer weiß,
wieviel Zeit uns noch bleibt.

76

HEINRICH Soviel wir wollen.

JULIA Sprich mir nach: Ich, Heinrich ...

Heinrich spricht ihr obigen Text nach, damit sie Ruhe gibt.

JULIA Jetzt sind wir Mann und Frau. Wie heiße ich überhaupt mit Nachnamen.

HEINRICH Blaubart.

JULIA Julia Blaubart.

Schweigen.

JULIA Herr Blaubart, Sie dürfen die Braut küssen und ins Brautbett führen.

Heinrich küßt sie vorsichtig.

HEINRICH Ein schönes Spiel.

JULIA Kein Spiel.

HEINRICH Nur ein Spiel, aber schön.

JULIA Wenn du denkst, wir sind nicht wirklich verheiratet, dann täuschst du dich. Trauungen darf man im Notfall selber durchführen, und sie sind gültig.

HEINRICH Dein 17. Geburtstag ist ein Notfall –

JULIA Habe ich gesagt, daß ich 17 bin. Ja, ich bin 17, total minderjährig, Jungfrau und unheilbar krank.

HEINRICH *lacht* Und verliebt – und meine Frau –

Er zieht sie von der Bank. Man sieht sie nicht mehr.
Kleine Pause. Da sind sie wieder.

HEINRICH *benommen* Ich liebe dich.
JULIA Ich liebe dich auch.
HEINRICH Laß uns Eis essen.

Sie gehen kurz Eis holen, setzen sich wieder auf die
Bank, essen.

JULIA Ich liebe dich.
HEINRICH Ich liebe dich auch.

Sie küssen sich. Pause.

JULIA Ich liebe dich über die Maßen.
HEINRICH Ich liebe dich auch.
JULIA Ich liebe dich über die Maßen.
HEINRICH Ich liebe dich ja auch.
JULIA Über die Maßen.
HEINRICH Wir kennen uns jetzt seit – zwei Stunden
   fünfzehn Minuten 23 Sekunden.
JULIA Liebe kennt keine Zeit.

Pause.

HEINRICH Das ist wahr.

Pause.

JULIA Ich liebe dich über die Maßen.

HEINRICH Ich liebe dich auch.

JULIA Soll ich dir beweisen, wie sehr ich dich liebe.

HEINRICH Nein.

JULIA Liebst du mich so sehr, wie ich dich liebe.

HEINRICH Ich weiß nicht.

JULIA Über die Maßen.

HEINRICH Was heißt das eigentlich genau, über die Maßen.

JULIA So sehr, daß ich für dich sterben könnte.

HEINRICH Das halte ich für dumm.

JULIA Dumm –

HEINRICH Man stirbt im Krieg, durch eine Krankheit, im Alter, weil es nicht anders geht, aber nicht an der Liebe.

JULIA Wenn es nicht anders geht –

HEINRICH Wieso willst du unbedingt sterben.

Schweigen.

JULIA Weil es sich nicht anders ergibt.

Heinrich lacht.

JULIA Liebst du mich so, wie ich dich liebe.

HEINRICH Julia, hör auf.

JULIA Liebst du mich so, wie ich dich liebe.

HEINRICH Das ist die Frage, die tötet.

JULIA Sterben wir gemeinsam.

HEINRICH Das möchte ich lieber nicht.

JULIA *zieht ein Fläschchen aus der Tasche, schluckt den Inhalt* Ich werde dir beweisen, wie sehr ich dich liebe.

HEINRICH Julia, hör auf mit dem Spiel, ich möchte nicht, daß du stirbst –

JULIA Sie werden heute jemandem begegnen, dem Sie für den Rest Ihres Lebens treu sein werden.

HEINRICH Ja. Bleib. Bleib bei mir.

JULIA Es hat sich doch noch so ergeben. *Bricht zusammen, stirbt.*

II. TREPPENMONOLOG

Er geht in sein Haus, die Treppe hinauf zu seiner Wohnung. Der erste Absatz. Hundert Mal ist er so nach Hause gekommen. Das reicht aber noch nicht. Er geht in sein Haus, die Treppe hinauf zu seiner Wohnung. Der erste Absatz: Tausend Mal ist er so nach Hause gekommen. Die Treppe hinauf zu seiner Wohnung. Wenn er sie mit nach Hause gebracht hätte, gleich nach dem Eisessen, dem ersten, mindestens aber dem zweiten Eisessen mit nach Hause gebracht. Hast du nicht Lust noch einen Kaffee einen Tee ein Wurstbrot. Der erste Absatz. Anstatt sich auf dieses Spiel. Dann wäre sie jetzt nicht tot. Ist kein Spiel. Wäre sie jetzt nicht tot. Die Treppe hinauf. Verliebt würdest du jetzt nach Hause kommen. Verliebt und meine Frau. Der zweite Absatz. Hundert Male bist du so nach Hause gekommen. Oder tausend Male bist du so nach Hause gekommen. Ohne Worte die Treppe hinauf zu deiner Wohnung. Jetzt wärst du verliebt. Verliebt wie auf der Parkbank würdest du hättest du. Der zweite Absatz. Ist sie tot. Wie ist das passiert. Plötzlich. Hat sie das Pulver geschluckt und ist sie zusammengebrochen. Hatte sie früher schon einmal mit Selbstmord gedroht. Früher. Ich weiß nicht. Ich kannte sie erst seit zweieinhalb Stunden ungefähr. Aber Sie sagten doch die Tote sei Ihre Frau. Ja. Nein. Die Tote kündigte ihre Handlung also nicht an. Nein. Ja. Was sagte sie also. Sie sagte daß sie für mich sterben würde. Wie soll ich das verstehen. Aus Liebe. Dann sind Sie also schuld an ihrem Tod. Ich Ein Mörder. Der dritte Absatz. Die Treppe hinauf zu deiner Wohnung. Der Absatz vor deiner Tür. Tausende Male bist du so nach Hause gekommen.

III. ANNA. DIE FREUNDIN

HEINRICH Findest du mich – verändert.
ANNA Wir kennen uns noch nicht so lange.
HEINRICH Ja. Ich habe nicht gewußt, zu wem ich sonst
gehen könnte.

Schweigen.

ANNA Nachdem ich meine Stimme verloren hatte –
posttraumatische Dyslalie –, habe ich gefürchtet, daß
ich mit meiner Stimme auch meine Freunde verlieren
würde, weil ich ja nicht mehr mit ihnen sprechen
konnte. Aber im Gegenteil. Es besuchten mich immer
mehr Menschen, die behaupteten, freundschaftlich
zu sein. Dabei waren sie nur erleichtert, reden zu
können und nicht zuhören zu müssen.

Schweigen.

ANNA Das sage ich nicht, um dich zu vertreiben.
HEINRICH Ich möchte wissen, ob das wahr wird, was
man ausspricht.
ANNA Aberglaube.
HEINRICH Ob etwas gewisser wird, wenn man es aussprechen kann. *Pause.* Ob die Dinge sich verändern,
wenn man ihnen andere Namen geben kann. Ob ich
mich verändere, wenn ich etwas über mich aussprechen kann, von dem ich noch nicht weiß, ob es zu-
trifft.

ANNA Wie ich nicht gesprochen habe, ist vielen Menschen nicht aufgefallen, daß ich nicht gesprochen habe. Weil sie nicht so sehr darauf achten, was man sagt, sondern darauf, daß das, was man sagt, ihren Ohren nicht weh tut. Sie möchten nicht verletzt werden durch Wörter. Oder sich verändern müssen, weil ein Wort auf sie trifft.

HEINRICH Falls dir etwas auffällt, wie ich mich verändert habe, mußt du es mir sagen.

ANNA Wir kennen uns noch nicht so lang.

HEINRICH Nein.

ANNA Aber wir sind noch jung.

HEINRICH Wir haben noch viel Zeit, um uns kennenzulernen. *Pause.* Aber die Zeit vergeht so langsam.

ANNA Ich habe begonnen, eine Liste der schönen Wörter und eine der häßlichen Wörter zu machen. Das ist viel Arbeit. Schöne Wörter sind zum Beispiel

    Alabama

    Hasenpfeffer

    Karawankenpanorama

Häßliche Wörter sind

    Büstenhalter

    Karosseriebetrieb

    Rumpfbeuge

Ich finde immer mehr häßliche Wörter. Die häßlichen Wörter hören an manchen Tagen gar nicht auf, hinter einem herzurennen. Die schönen schmelzen dahin. Willst du mir helfen, schöne Wörter zu finden.

HEINRICH Ja.

Schweigen.

HEINRICH Schnürsenkel. *Pause.* Schnürsenkel ist, glaube ich, eines meiner Lieblingswörter. *Pause.* Krokodillederimitat ist ebenfalls ein ausgesprochen angenehmes Wort, meiner Meinung nach.

Anna notiert.

HEINRICH Du glaubst also, wenn wir diese Arbeit noch eine Weile weiter treiben, dann könnten wir uns vertraut werden.
ANNA Sicher.
HEINRICH Du empfindest meine Anwesenheit also nicht als unangenehm.
ANNA Nein.

Pause.

ANNA *plötzlich* Hast du dich verliebt.

Schweigen.

ANNA *ungläubig* Du hast dich verliebt. *Pause.* In mich.
HEINRICH Ich war heute im Englischen Garten. Und da. Habe ich eine Frau getroffen. Eine junge Frau. Und wir haben Eis gegessen. Es hat damit angefangen, daß wir Eis gegessen haben.
ANNA Und dann ist es passiert.
HEINRICH Man sieht es mir an.

ANNA Ja. Du siehst verliebt aus.

HEINRICH Verliebt. – Ich wollte sie glücklich machen.

ANNA Das kannst du doch.

HEINRICH Ich wäre so gern mit ihr zusammen, ich würde so gern mit ihr zusammen aufstehen, zusammen die Zähne putzen, zusammen frühstücken, und zusammen schlafen, am Ende des Tages. Das ist es doch, was sie Liebe nennen.

ANNA Du wirst sie für dich gewinnen.

HEINRICH Könnte ich das. Könnte ich mit ihr zusammen aufstehen, frühstücken, die Zeitung lesen, zusammen einschlafen, wenn ich sie nicht lieben würde.

ANNA Es würde eine andere Bedeutung haben.

HEINRICH Ja. *Schweigen.* Dann weiß ich jetzt, was Liebe ist.

ANNA Wie sieht sie aus. Wie heißt sie.

HEINRICH Sie ist blond. Wie du. Aber anders. Sie hat einen wunderbaren sanften Mund. Wie du. Aber anders. Ihre Augen sind tiefseeblau mit einem goldenen Schleier. Sie ist überhaupt ganz anders. Sie verdiente die weichsten Schuhe zu tragen, in denen sie nie eine Blase bekäme. Jeden Abend würde ich sie ihr von den Füßen streifen und jeden Morgen blankpolieren, ich würde ihre geschwollenen Zehen mit meinem Atem kühlen und nötigenfalls eigenhändig Einlagen für sie anpassen.

ANNA Ich habe mich einmal in einen verliebt, weil er so schöne Schläfen hatte. Sie waren weiß und unberührt. Ich wollte sie küssen.

HEINRICH Hast du es getan.

ANNA Als wir dann zusammen waren, hatte ich nicht mehr das Bedürfnis.

HEINRICH Du hast ihn also nur wegen seiner Schläfen geliebt.

ANNA Ich bekam eine Gänsehaut, wenn ich seine Stimme hörte. Wenn er meinen Namen aussprach, egal wie, fordernd, bittend, lächelnd, dann liebte ich ihn sehr.

HEINRICH Das ist alles, eine schöne Schläfe und eine Stimme.

ANNA Nicht irgendeine Stimme. Seine Stimme.

HEINRICH Das ist überhaupt keine Liebe, das ist eine lauwarme, eine lauwarme Ohrenflüsterei ist das.

ANNA Das ist normal. Was erwartest du denn.

HEINRICH Ich, ich erwarte, daß die Liebe groß ist und heftig, und immer größer und heftiger wird, der Mittelpunkt von allem, der Mittelpunkt meines, Heinrichs, und ihres, Julias, Lebens, und unseres gemeinsamen Lebens, Heinrichs und Julias.

ANNA Also. Warum bist du dann nicht bei ihr.

HEINRICH Weil es vorbei ist, und ich habe es beendet. Ich. Ich habe es getan. Ich.

ANNA Warum.

HEINRICH Sie hat mir gesagt, daß sie mich liebt.

ANNA Dann ist doch alles gut.

HEINRICH Ja. Aber sie liebt mich über die Maßen.

ANNA Über die Maßen. Über die Maßen. Ich weiß nicht, was das bedeutet, über die Maßen.

HEINRICH So sehr, daß sie für mich sterben könnte, so sehr, daß sie für mich gestorben ist, so sehr, daß ich sie habe sterben lassen – und ich konnte es nicht aussprechen, ich konnte es nicht aussprechen –

ANNA Über die Maßen –

HEINRICH Das sind nur Worte, aber wo ist das Gefühl dafür.

ANNA Das stellt sich dann schon ein. Das kommt mit den Worten. Erst die Worte, dann das Gefühl. *Pause.* Ich bin auch blond, ich habe auch tiefseeblaue Augen, ich habe auch einen sanften Mund – *Pause.* Sag Anna, sag Anna zu mir, bitte, Annagramm, Annanas, Annabolika, Annarchie –

HEINRICH Nicht. Nicht sprechen. Nicht sprechen jetzt. Nicht lügen –

ANNA Annakonda Annapäst Annatomie –

Er erdrosselt Anna. Stille.

HEINRICH Ich habe es nicht getan. Ich hätte es tun können, aber ich habe es nicht getan. Julia, ich habe dich nicht umgebracht. Ich, ich war es nicht. *Pause.* Dann sag ich jetzt deinen Namen. Anna. Du bist aber eine andere. Eine andere. Auch blond. Aber du bist nicht über die Maßen, und du wirst nie über die Maßen sein.

Er wischt sich mit der Hand über Mund und Augen.

IV. DIE BLINDE (II)

Sie riecht ihn. Ist er es? Der gleiche und doch ein anderer. Sie tastet ihn ab.

DIE BLINDE Sie haben ja einen Bart.

HEINRICH Ja.

DIE BLINDE Sie riechen aber gar nicht so, als ob Sie einen Bart hätten.

HEINRICH Wie rieche ich denn.

DIE BLINDE Wie ein anderer.

HEINRICH Es gibt keinen anderen.

DIE BLINDE Welche Farbe. Ihr Bart.

HEINRICH Blau.

DIE BLINDE Blau blau. Beschreiben Sie mir blau. Himmelblau türkis meerblau nachtblau krokodilblau dings kornblumenblau aschblau erstickungstodblau jeansblau stonewashedjeansblau oder wie.

HEINRICH Blaubartblau.

Schweigen.

DIE BLINDE Blaubart. Sie sind Blaubart. *Pause.* Ich glaube, ich habe von Ihnen in der Zeitung gelesen. Heinrich. Sind Sie das. *Sie riecht.* Ja. Ich glaube, ich habe Sie einmal in einem Café getroffen. Vor langer Zeit. Vor sieben Jahren. Ich glaube, ich erkenne Sie nicht wieder. *Sie will weggehen.*

HEINRICH Wenn ich die richtigen Worte fände, würden Sie dann bei mir bleiben.

DIE BLINDE Nein.

HEINRICH Würden Sie mir zuhören.

DIE BLINDE Vielleicht.

HEINRICH Sie würden nicht mehr weggehen wollen wie neulich im Park.

DIE BLINDE Sie haben mich doch fortgeschickt.

HEINRICH Nein. Ich habe Sie nur gehen lassen.

DIE BLINDE Und warum –

HEINRICH Sie wollen also wissen, wie es war mit den Frauen, den anderen.

Pause.

DIE BLINDE Ja. Erzählen Sie.

HEINRICH Überlegen Sie gut. Bis jetzt waren Sie in Sicherheit, weil Sie nichts von mir wollten. Aber ich bin immer noch ein Mörder.

DIE BLINDE Was denn – Wollen Sie jetzt mich. Ja. Nein. Wollen Sie jetzt mich. Bei der Hand nehmen. Ja. Nein. Wollen Sie jetzt mich. Umarmen. Ja. Nein. Wollen Sie jetzt mich küssen. Ja. Nein. Ja... *Sie läuft weg.*

V. JUDITH. DIE SCHLAFLOSE

S-Bahnhof. Die Zeit nach Mitternacht. Heinrich. Stiert auf die Gleise. Später eine Frau mit einem Koffer. Sie warten schweigend.

JUDITH Die Zeit nach Mitternacht.
HEINRICH Ja.
JUDITH Um diese Zeit fahren keine Züge mehr.
HEINRICH Nein.

Schweigen.

JUDITH Worauf warten Sie dann.

Heinrich starrt sie böse an.

JUDITH Wenn ich nicht dazu gezwungen wäre, würde ich nicht auf einem S-Bahnhof übernachten wollen.

Heinrich schweigt entschlossen.

JUDITH Ich habe schon einige Male versucht, in einem S-Bahnhof auf diesem Koffer zu schlafen. Kaum liege ich eine Weile, bilde ich mir ein, von fern ein Rattern zu hören, das näherkommt und meinen Koffer zum Beben bringt; dann werde ich langsam auf die Seite gerüttelt und muß, bevor ich hinuntergestoßen werde, aufspringen und sehen, ob ein Zug kommt. Es kommt aber keiner. Das geht so die ganze Nacht.

Schweigen.

HEINRICH Wo wollen Sie denn hin.

JUDITH In die Stadt.

HEINRICH Aber Sie sind schon in der Stadt.

JUDITH Ich möchte aber noch weiter in die Stadt hinein.

HEINRICH Wenn Sie noch weiter in diese Richtung fahren, kommen Sie auf der anderen Seite der Stadt wieder heraus.

JUDITH Aber irgendwo muß doch das Auge der Stadt sein, der Bahnhof mit den Gleisen, wo die Züge ruhen dürfen und wo einer schlafen kann. Obwohl die ganze Nacht sich alles fortwährend um einen herumschleudert, und der Himmel ist voller Lärm.

Pause.

HEINRICH Sie haben aber eine merkwürdige Vorstellung von einer Stadt.

JUDITH Und Sie scheinen überhaupt keine Vorstellung von der Langsamkeit zu besitzen, der ich unglücklicherweise ausgeliefert bin.

HEINRICH Nein. Wie sollte ich.

JUDITH Ich bin in diesem Dorf am Ende der Bergstraße aufgewachsen, in diesem Dorf am Ende der Bergstraße, die sich wie eine Schlinge einmal fast ganz um die Spitze des Berges herumlegt. Von dort oben konnte ich die Stadt sehen und das Eisenbahngleis, das vom

92

Fuß des Berges in die Stadt führt. *Pause.* Jedesmal, wenn ich den Zug aus der Stadt herausfahren sah, rannte ich los rannte rannte rannte den Berg hinunter, aber jedesmal, wenn ich unten ankam, war der Zug schon wieder fort. Ich konnte nie so schnell sein, daß ich ihn erwischte.

Schweigen.

JUDITH Ich möchte ein Mal mit der Concorde fliegen. Das wäre mal was. Aber am liebsten möchte ich schlafend in der Concorde fliegen.

Heinrich schaut.

HEINRICH Ihre Schuhsohlen sind ganz durchgewetzt.
JUDITH Ja. Ich weiß.
HEINRICH Das macht keinen anständigen Eindruck.
JUDITH Das macht vor allem nasse Füße, so daß man friert und nicht einschlafen kann.

Schweigen.

JUDITH Glauben Sie, daß einen die Liebe müde macht.
HEINRICH *zögert* Nein.
JUDITH Bisher habe ich mich immer aufgeregt, wenn ich verliebt war. Aber wenn das Verliebtsein vorbei ist, und man den Zustand der Liebe erreicht, was mir noch nicht gelungen ist, dann wünsche ich mir, daß er

eine friedliebende Gewohnheit wäre, etwas Verläßliches und Vertrautes, etwa so, wie eine Kuh neben der anderen im Stall steht und wiederkäut.

HEINRICH Das ist aber doch ziemlich – gewöhnlich.

JUDITH Mir würde es gefallen. Ja, sehen Sie, und wenn man sich lieben würde, am Ende eines Tages, dann, um das Blut warm und träge zu machen, um nicht mehr zu denken, um besser einschlafen zu können, um tief zu träumen. Es wäre ein Mittel gegen Schlaflosigkeit wie ein paarmal um das Haus laufen oder warme Milch mit Honig trinken.

Schweigen.

JUDITH Sie sind schon ein eher ruhiger Mensch, nicht wahr.

HEINRICH Geht so.

Schweigen.

JUDITH Meine Großmutter war Näherin, Singer-Nähmaschine mit Tretrad; wenn sie darauf arbeitete, hörte sich die Maschine an wie das gleichmäßige Rattern eines Zuges. – Sie ist in einem Eisenbahnwaggon zur Welt gekommen.

Heinrich schaut.

JUDITH Ich würde sagen, sie war auf der Höhe ihrer Zeit.

Schweigen.

JUDITH Ich wäre gern so ein ruhiger Mensch wie Sie.

Heinrich versucht ein Lächeln.
Judith öffnet ihren Koffer, nimmt ein Kissen heraus, aus
dem Federn fallen.

JUDITH Das war ihr Abschiedsgeschenk. Allerdings ist
sie gestorben, bevor sie die vierte Naht schließen
konnte. Jede Nacht wird mein Kissen dünner.

Sie legt sich auf ihren Koffer, um zu schlafen. Stille. Sie
singt:

>Schlaf mein Kind,
>ich wieg dich leise,
>bajushki baju,
>draußen rufen fremde Reiter
>in der Nacht sich zu.
>
>Schlaf mein Kind,
>sie reiten weiter,
>bajushki baju,
>einmal wirst auch du ein Reiter,
>bajushki baju ...

HEINRICH Hier können Sie aber nicht bleiben.

Er legt sich zu ihr.
Er legt sich über sie.
Und erstickt sie.

HEINRICH Dann wollte ich ihr keine Zeit mehr zumuten. Keine Zeit mehr mit mir und überhaupt keine Zeit mehr. Da alle Zeit ihr zuviel sein würde. *Schweigen.* Ich rede nicht von Erlösung. *Schweigen.* Obwohl – ihr die Zeit wie ein Schmerz war, von dem ich sie befreien mußte, weil ein Weiterleben grausam und in seiner Grausamkeit sinnlos sein würde. *Schweigen.* Es ist nicht – gut. *Schweigen.* Aber wer darf sagen: es ist falsch.

VI. DIE BLINDE (III). JUNGFRAUENMONOLOG

Hatten Sie schon mal Sex mit ner Blinden. Das erweitert die Sichtweise. Falls Ihnen dieses Vergnügen bisher entgangen ist, erhalten Sie hier die einmalige, völlig risikolose Gelegenheit, an meinem Schicksal anteilzunehmen.

MEINE DAMEN UND HERREN, SIE ERFAHREN JETZT DIE GESCHICHTE MEINER ENTJUNGFERUNG!

Bis ich fünfzehn war, hatte ich noch nicht viele Männer kennengelernt. Das ist jetzt sieben Jahre her, und auch in diesen sieben Jahren habe ich, weil ich hauptsächlich nach einem gewissen Mann gesucht habe, nicht viele Männer kennengelernt. Eigentlich gar keinen. Ich meine, von ganz Nahem kennengelernt, so daß ich, wenn ich mich nicht waschen würde, zwei, drei Tage mit dem Geruch dieses Mannes umhergehen könnte, auf eine vertraute Weise. Damals aber war ich in großer Not, weil ich eben schon vierzehn war und unbedingt meine Jungfernschaft loswerden mußte, und es verdammt schwierig war, einen Mann zu finden, den ich gut riechen konnte. Die Lage hatte sich zugespitzt, weil es in meiner Klasse außer mir nur noch zwei Mädchen gab, die nicht entjungfert waren; die eine war Mormonin, die andere sagte, sie sei ein Mann, und sparte heimlich auf eine Geschlechtsumwandlung.

Verstehen Sie mich recht, nichts ist einfacher als gefickt

zu werden, wenn man blind ist. Probieren Sies aus. Die Kerle stehen drauf. Sie erhoffen sich eine ganz besondere sinnliche Erfahrung, eine Offenbarung geradezu, ja, die sexuelle Revolution, die sie nie hatten. *Der Blinde an sich ist beim Sex ja ganz Haut* – Ich versprach mir im Grunde nicht viel davon, ich wollte es einfach hinter mich bringen. Schließlich ist das erste Mal keine Erfahrung. Die Erfahrung beginnt erst beim zweiten Mal. Folglich hatte ich nichts dagegen, mich wegzuwerfen, aber nicht an den erstbesten. Natürlich gab es einen Nachbarsjungen, der kleine Warzen an den Fingern hatte und nach Hasenställen roch. Ihm gefielen meine Augen: ich kann die so herumrollen, daß man nur doch das Weiße sieht, das groß wie ein Tischtennisball aus den Höhlen tritt, mit einem schlatzenden Geräusch. *Schatz, mach mir mal wieder Halloween* – schade, daß ich es selber nicht sehen kann. Aber er drängte mich immer, das Kunststück seinen Freunden vorzuführen, und außerdem merkte ich an seinen ungeschickten klebrigen Fingern, daß er von gewissen für mich wichtigen Dingen keine Ahnung hatte. Ich war schließlich kein Kind mehr. Ich wollte einen Mann, der seine Arbeit verrichten und mich danach in Ruhe lassen sollte.

Kurzentschlossen ging ich zu Reinhold. Reinhold war ein marokkanischer Teppichhändler, bekannt dafür, daß er Mädchen auf der Straße ansprach und sie in seinen Teppichladen einlud, um Tee zu trinken. So einen starken Tee hatte ich noch nie getrunken. Den weichen Teppich im Rücken hauchte ich *Mir ist schwindlig, ich sehe nichts mehr.* Reinhold sank auf meinen Bauch. Ich erwachte angenehm betäubt, konnte mich aber an nichts erinnern. War es nun passiert oder war es nicht passiert. Ich schnupperte. Reinhold neben mir roch ein wenig nach Moschus, aber das will bei einem Teppichhändler nichts heißen. Ich wagte nicht, ihn danach zu fragen, aus Angst, ihn in seiner Ehre zu kränken. Um sicherzugehen und mir das Ergebnis bestätigen zu lassen, wählte ich einen Gynäkologen aus. Es war der erste Gynäkologe meines Lebens, und er entsprach ganz meinen Erwartungen, denn er hieß Doktor Puhl und roch nach Pfefferminz. Ich schilderte ihm meine Lage, er nahm meine Hand und sagte: *Schließen Sie die Augen, es wird gleich vorbei sein.* Ich hielt seine Hand fest und drückte sie hoffnungsvoll. *Tut mir leid*, hörte ich ihn, *ihr Jungfernhäutchen ist völlig unversehrt.* Ich drückte seine Hand so fest ich konnte, aber es geschah nichts weiter. Es geschah nichts weiter. Er hatte den Ernst der Situation nicht verstanden.

Ich war also keinen Schritt weiter und wieder auf mich allein gestellt. Und dann –
Dann verliebte ich mich. Ich saß in einem Café, es war Frühherbst, und ich hörte ihn vorbeigehen. Ich hörte seine Schuhe, langsam und leicht über den Kies, er ging einmal im Halbkreis um die Tische, dann kam er zurück und setzte sich. Er setzte sich an den Nachbartisch und bestellte Eis. Seine Stimme. Gab meinem Körper einen

Stoß. Aber vor allem war da ein Geruch, ein zärtlicher, sorgloser, neuer Geruch, meine Sinne flogen. Vanilleeis. Ich roch das Vanilleeis, bei jedem Mundvoll hörte ich kurz den Löffel gegen den Becherrand schlagen, seine Haut, roch sie auch nach Vanille, aus seinem Haar ein schwacher Zitronenduft, der Anzug aus rauhfaseriger Wolle, die ein wenig nach Talg schmeckte – aber da war eben noch ein anderer Geruch, etwas Unbekanntes, für das ich keinen Namen, keinen Begriff hatte. Noch nie hat mein Herz so heftig geschlagen wie in diesem Augenblick. Ich starrte ihn an, mein Gesicht eine Flamme, er wird gehen, dachte ich, er wird gehen, und er darf doch nicht fort, wenn ich ihn heute aus den Augen verliere, wie soll ich ihn jemals wiederfinden. Dann hörte ich eine andere Stimme, die Stimme rief *Heinrich!* Und noch einmal *Heinrich!* und er stand wirklich auf und ging. Ich lief ihm nach so schnell ich konnte, aber da waren so viele Menschen, so viele Stimmen, so viele Geräusche, so viele Gerüche, und sie umkreisten mich, verwirrten mich, stießen und packten mich und hielten mich fest und ich konnte mich nicht losmachen, ich kam nicht vorwärts, ich bekam keine Luft mehr, ich rief *Heinrich* und stolperte und stürzte zu Boden und hatte ihn verloren.

Ich wollte mit keinem anderen Mann zusammen sein als mit ihm; und ich wollte mit keinem anderen Mann schlafen außer mit ihm. Aber ich hatte Angst, daß er, wenn wir uns einmal begegnen würden, Angst haben würde vor mir. Nicht weil ich blind bin, sondern weil ich noch Jungfrau wäre. Und auch ich würde aus diesem Grund Angst haben vor ihm. Es ist nicht leicht, noch Jungfrau zu sein, wenn man dem Mann begegnet, den man liebt.

Also. Bin ich an diesem Abend nach Hause gegangen. Also bin ich an diesem Abend in das Zimmer meines Bruders gegangen. Er lag auf seinem Bett und las. Bruder, sagte ich, bitte hilf mir, keine Jungfrau mehr zu sein. Und er half mir. Sehr sanft, wie es Brüder tun.

Langes Schweigen.

Danach suchte ich ihn. Heinrich. Ich ging durch die Stadt und suchte ihn, das leichte Tanzen seiner Schuhe, seine Stimme, und diesen Geruch –. Manchmal fuhr ich in eine andere Stadt und suchte ihn dort, denn ich wußte nicht, in welcher Stadt er wohnt.
Und dann, dann fand ich ihn –

Ab.

In einer einschlägigen Straße. Heinrich beobachtet Tanja einige Zeit, während der er sehr kleine Schlucke aus einer Papiertüte nimmt.

HEINRICH Sie sind ein eher sportlicher Typ, nicht wahr.

TANJA Ja.

HEINRICH Ich bin ein eher unsportlicher Typ, leider.

TANJA Von alleine passiert nüscht.

HEINRICH Ja leider. Ich wäre oft gern ein wenig sportlicher, aber dann vergesse ich immer auf das Trainieren.

TANJA Hören Sie. Quasseln können Sie, soviel Sie wollen. Aber umsonst ist bei mir nurs Vorbeigehen. Is schließlich meine Arbeitszeit.

HEINRICH Ja. Verstehe. Ich bin nämlich Schuhverkäufer und habe deswegen einen Blick für einen sportlichen Beinbewegungszusammenhang.

TANJA Toll, ganz toll. Wollen Sie reden oder Gymnastik.

Heinrich gibt ihr Geld, merkt, daß es nicht genug ist.

HEINRICH Keine Gymnastik.

TANJA Macht monetär null Differenz.

HEINRICH ?

TANJA Kostet egalweg dasselbe.

Heinrich gibt ihr noch ein Geld, es reicht aber immer noch nicht, er gibt ihr noch noch ein Geld.

TANJA Wohin.

Heinrich zuckt die Schultern.

TANJA Nach oben.

Heinrich nickt.

Pension. Sie sitzen nebeneinander auf dem Bett.

HEINRICH Ich möchte eines klarstellen.
TANJA Ja.
HEINRICH Das hier ist Ihr Beruf, nicht wahr. Ich meine, Sie tun das für Geld.
TANJA Du hast schon bezahlt. Du kannst loslegen.
HEINRICH *nippt* Ich möchte wirklich nur reden.
TANJA Na dann wirds ja n gemütlicher Abend. *Pause.* Is ja gut. *Sie macht trotzdem einen zärtlichen Versuch.* Mußt dich nicht schämen.

Schweigen. Heinrich nippt.

TANJA Was hastn fürn Problem.
HEINRICH Ich möchte nicht, daß Sie sich in mich verlieben.

Tanja lacht lauthals.

HEINRICH Daran ist überhaupt nichts komisch. Ich bringe den Frauen, die sich in mich verlieben, Untergang und Verderben.

Tanja lacht weiter.

HEINRICH Ich könnte jetzt noch weiter ins Detail gehen, aber ich glaube, das würde zu weit führen, vielmehr, das würde Sie zu sehr erschrecken.

Tanja hört auf zu lachen.

TANJA *ernst* So. Darüber willst du nicht mit mir reden.
HEINRICH Nein, das hatte ich eigentlich nicht vor. Aber wenn es Sie interessiert, können wir auch darüber reden. Auch wenn ich, wie gesagt, Sie nicht so gerne in die Einzelheiten vertiefen möchte, es könnte Sie verstören, und das einzige, was ich an diesem Abend suche, ist – eine warme Person.
TANJA Eine warme Person.
HEINRICH Es darf sich Ihrerseits jedoch keinesfalls ein Gefühl entwickeln. Es darf nur wegen des Geldes sein.

Tanja nimmt seine Hand.

HEINRICH Ich habe heute so eine Sehnsucht in mir.

TANJA Ich kann mir nich vorstellen, daß du ner Frau was Schreckliches antust, du bist bloß n bißchen schüchtern und hast n weiches Herz. Ne bestimmte Sorte fliegt da drauf.

HEINRICH *trinkt* Ich mache das nicht absichtlich, das muß ich vorausschicken, weil ein außenstehender Beobachter leicht annehmen könnte, ich lege es darauf an. Das tue ich ganz und gar nicht. Vielmehr ist es so, daß –

TANJA Daß was.

Heinrich grübelt abwesend.

TANJA Laß dir ruhig Zeit.

HEINRICH *schreckt auf* Wollen Sie mehr Geld.

TANJA Alles in Ordnung.

HEINRICH Sie machen das beruflich. Nicht. Sie sind total professionell. Sie werden dafür bezahlt, keine Gefühle zu haben.

TANJA Na ja.

HEINRICH Ich bin Ihr Kunde. Sie sind eine Geschäftsfrau. Sie dürfen der Liebe nicht nachgeben.

TANJA Da mach dir ma keine Sorgen.

HEINRICH *trinkt* Ja. Also. Die erste hatte ich richtig gern. Nein ich lüge ja. Ich – ich habe sie geliebt. Ja. Ich habe sie geliebt. Julia. *Trinkt.*

TANJA Und dann hat sie dich verlassen.

HEINRICH Ja. Genau. Weil sie dachte, ich spiele nur. Weil ich sie nicht so lieben konnte wie sie mich. *Pause.* Und damit fing alles an.

TANJA Mach dir ma kein Kopf. Da sind wir alle schon ma durch. Findst bestimmt bald ne Neue. Wird sich die Julia noch in Hintern beißen.

HEINRICH Aber die anderen haben mich auch verlassen. Die zweite hat mich verlassen, weil ich sie erstochen habe, die dritte hab ich erstickt.

TANJA Das hättste wohl gern, kann ich verstehen. Sone Fantasien hab ich auch bisweilen. Mein Gott, du hast ganz schön ein in der Krone. Komm ma her.

Sie umarmt Heinrich und hält ihn fest an sich gedrückt, wiegt ihn ein bißchen hin und her, streichelt ihn beruhigend. Und in der Tat wird Heinrich ruhiger, man könnte meinen, er schläft, er genießt aber die Umarmung.

TANJA Ich habe noch nie geliebt. *Schweigen.* Und ich will auch nie lieben wollen. *Schweigen.* Nüscht wie Schererereien. *Schweigen.* Zuerst, wenn man verliebt ist, verändert man sich, nicht wahr. Alles verschiebt sich ein bißchen, man geht ein bißchen anders, man guckt eine Winzigkeit anders, die Stimme wird tiefer, und ich glaube, man riecht sogar anders. *Schweigen.* Vielleicht könntest du mir etwas beibringen. Vielleicht könntest du mir die Gesten beibringen. Damit ich meinen Kunden nichts Falsches vorspiele. Vielleicht könntest du mir beibringen, wie es aussieht, verliebt zu sein.

HEINRICH Nein.

TANJA Alle meine Kolleginnen haben einen Festen. Na

ja, fast alle haben einen Festen. Aber ich habe keinen Festen. Und ich habe auch nie einen gehabt. Nie. *Pause.* Ich habe angefangen, mich für Geschenke küssen zu lassen, als ich zwölf war, weil ich dachte, vielleicht findet dann einer Gefallen an mir und wird mein Fester. Aber einer nach dem anderen hat ein Geschenk dagelassen und ist wieder gegangen. *Pause.* Dann habe ich mich nicht mehr küssen lassen, und für den Rest habe ich Geld genommen. Und einer nach dem anderen hat bezahlt und ist wieder gegangen. *Pause.* Warum eigentlich.

Schweigen.

TANJA Ist irgendetwas Abstoßendes an mir.

Schweigen.

HEINRICH Nein.

TANJA Du hast aber lange überlegt. Du hast lange überlegt, weil du mir nicht weh tun willst. Du hast mich auf der Straße beobachtet und ausgesucht, weil du dachtest, bei ihr besteht absolut keine Gefahr, daß ich mich in sie verlieben könnte und vielleicht hängenbleibe und ihr Fester werde. Sie ist abstoßend.

HEINRICH Ich habe es dir gesagt. Ich habe dir gesagt, du sollst deiner Sehnsucht nicht nachgeben.

TANJA Alle erzählen sie immerzu Geschichten, die verhindern sollen, daß sie hängenbleiben und Feste wer-

den. Warum soll ausgerechnet bei mir keiner hängenbleiben. Warum.

HEINRICH Und warum soll ich es sein. Warum soll
ausgerechnet ich es sein. Warum. Ich – ein vollkommen mittelmäßiger, noch dazu unsportlicher Schuhverkäufer mit einem alles andere als spektakulären
Jahreseinkommen.

TANJA Du versuchst auch nur einen von diesen Tricks,
von denen du denkst, er sei raffiniert.

HEINRICH Ganz und gar nicht.

TANJA Du findest mich also nicht abstoßend.

HEINRICH Nein.

TANJA Dann küß mich.

HEINRICH Das, das tut man nicht.

TANJA Nur im Spiel. Sag mir, was ich falsch mache.
Zeig mir die Gesten.

Sie küßt ihn.

HEINRICH Du machst bestimmt alles richtig.

TANJA Ich erwarte kein Gefühl. Du sollst nur so tun.

HEINRICH Ich will nicht. Ich will nicht mehr spielen.

TANJA Meine Unabhängigkeit werde ich allerdings
nicht aufgeben. Ich werde für dich sorgen. Du wirst
nie mehr arbeiten müssen. Ich verdiene genug für uns
beide. Ich bin Profi.

Sie küßt ihn.

TANJA   Küß mich. *Sie küßt ihn.* Halt mich. *Sie küßt ihn.* Werde mein Fester. *Sie küßt ihn.* Liebe mich.

Sie schmiegt sich fester an ihn, zuerst erwidert er ihre Zärtlichkeit noch, mechanisch und angstvoll, dann panischer werdend. Er will sie loswerden, es gelingt ihm nicht. Ein Kampf entwickelt sich, er versucht sie zu erschlagen, sie will fliehen, er ersticht sie.

VIII. Die Blinde (IV)

DIE BLINDE Wie sehe ich eigentlich aus.

HEINRICH Klein, schwarze Haare, olive Haut. Sie sehen ein bißchen aus wie eine Olive mit Haaren. Sie sollten Olivia heißen.

DIE BLINDE Bin ich – häßlich.

HEINRICH Nein.

DIE BLINDE Haben Sie einen Begriff von Häßlichkeit.

HEINRICH *überlegt* Möglicherweise nicht.

DIE BLINDE Also könnte ich doch häßlich sein, nur für Sie nicht.

HEINRICH Möglich.

Schweigen.

DIE BLINDE Die anderen Frauen, die, die Sie getötet haben, fanden Sie die hübsch.

HEINRICH Hübsch –

DIE BLINDE Schön.

HEINRICH Na ja. Jede war anders.

DIE BLINDE Dann waren sie also nicht schön. Darüber reden Sie nie.

HEINRICH Schön nicht schön. Hören Sie doch auf mit Ihrer Fragerei. Tot ist tot.

DIE BLINDE Dann haben Sie sie also nicht umgebracht, weil sie schön waren.

HEINRICH Nein.

DIE BLINDE Und auch nicht, weil sie nicht schön waren.

HEINRICH Nein.

DIE BLINDE Ihr Aussehen hätte ihren Tod also nicht verhindern können und hatte auch keinen Einfluß darauf.

HEINRICH Sie sind doch blind, was spielt das für Sie für eine Rolle, was machen Sie sich um das Aussehen anderer Frauen Gedanken, Sie sehen doch nicht einmal, wie Sie selber aussehen.

DIE BLINDE Ja. Eben. Deshalb habe ich Sie doch gebeten. Was muß ich befürchten. *Pause.* Sagen Sie mir, wie ich aussehe. *Ab.*

IX. EVA. DIE FRAU MIT DEM COLT

Zwischen vier und fünf Uhr morgens. Es beginnt zu dämmern. Heinrich sucht Halt in einer 24-Stunden-Bar. Außer ihm zwei, drei Nachtschwärmer und, zwei Hokker weiter, eine Frau.

EVA Ich liebe dieses Licht.

Heinrich betrachtet grübelnd die gelben Lampen.

EVA Nicht dieses Licht. Drehen Sie sich um. Das Licht dort draußen, das Licht dieser Stunde, das Licht, das Sie mit hereingebracht haben, das noch in den Falten Ihres Mantels hängt. Es steht Ihnen gut. Es gibt Ihnen so einen gewissen – Schimmer. *Lacht.*
HEINRICH Lassen Sie sich lieber nicht mit mir ein.
EVA Als ich so jung war wie Sie, habe ich diese Alten auch gehaßt, die nicht wissen, wann es Zeit ist, Schluß zu machen – und nach Hause zu gehen, und die die ganze Nacht darauf zu warten scheinen, daß ein Einsamer kommt, auf den sie rücksichtslos einreden können, weil er zu höflich ist, sie zum Schweigen zu bringen.
HEINRICH Ich lasse mich nicht mehr mit Frauen ein.
EVA Oh.
HEINRICH Denken Sie von mir, was Sie wollen.
EVA Ich suche keinen Mann mehr.
HEINRICH Ich würde Ihnen auch kein Glück bringen. Lassen Sie die Finger von mir.

EVA Ich weiß ja nun, daß Sie kein Frauentyp sind.
HEINRICH Ich bin auch kein Männertyp. Falls Sie das
tröstet.

Schweigen.

EVA *leise* Ich möchte nur ein wenig reden. Ich werde
Sie nicht belästigen. *Schweigen.* Sehen Sie nur hinaus.
Sehen Sie, wie still es ist. Hören Sie die Farben, die
Farben dieser Stunde, die sie die blaue nennen, weil
einer nichts hört als das Schweigen der schlafenden
Menschen und das Summen ihrer Träume.

Heinrich sieht sie an.

EVA Sie denken, ich bin betrunken. Ich trinke schon
seit Jahren nicht mehr.
HEINRICH Warum.
EVA Sehen Sie mich an. Was würde es mir nützen.
HEINRICH Ich weiß nicht.
EVA Ja. Ich auch nicht.

Schweigen.

EVA Das Licht in diesen Morgenstunden ist in allen
Städten, die ich gesehen habe, ein wenig anders. Ein
rauchblauer Schleier in den Straßen von Paris, ein
zartes helles römisches Rot, und in Wien –

113

HEINRICH In Wien zerstückelt immer eine nervöse Straßenbahn die schönsten Gedanken beim Nachhausefahren.

EVA Aber eines ist überall gleich. Das kann ich sagen, auch wenn ich nicht weiter als bis Paris, Rom und Wien gekommen bin –

HEINRICH ?

EVA Man möchte nicht nach Hause gehen. Um diese Zeit möchte man einfach nicht nach Hause gehen und sich von der zuhausegebliebenen Traurigkeit die Türe öffnen lassen.

HEINRICH Ja. – Ja.

EVA Wissen Sie, wie oft ich verheiratet war.

HEINRICH Darüber möchte ich lieber nicht sprechen.

EVA Warum. Einige Male. Des öfteren. So oft, daß es ein für alle Mal reicht. Viermal geschieden, dreimal verwitwet, unwichtig. Ich habe jedes verfluchte Mal alle Gegenstände, alle Habseligkeiten, jedes einzelne Rasiermesser aus meiner Wohnung entfernt und vernichtet. Aber wissen Sie, was ich nie fertig gebracht habe – ich konnte nie das Türschild mit dem Namen meines jeweiligen Mannes entfernen. So daß, wenn ich jetzt nach Hause gehe, mich sieben verschiedene glänzende Namen an meiner Tür begrüßen, einer unter dem andern. Und ich stecke den Schlüssel ins Schloß und schließe eine Grabkammer auf.

Schweigen.

114

EVA Kommen Sie mit zu mir nach Hause.

HEINRICH Wie –

EVA Bitte.

HEINRICH Wie sind die Männer denn gestorben, die gestorben sind.

EVA *lacht* Gehen Sie mit mir spazieren. Bitte.

Sie gehen auf die Straße.

EVA Lassen Sie uns ein Stück durch den Park gehen. Gleich werden die Nachtvögel verstummen, und bis die Vögel des Tages anfangen zu singen, werden zwei drei Minuten der völligen Stille sein.

Sie gehen in den Park. Heinrich bleibt stehen und atmet tief. Eva geht ein Stück weiter.

EVA Soll ich Ihnen einen Gefallen tun.

HEINRICH Ja –

EVA *zieht eine Pistole aus ihrer Handtasche* Soll ich Sie erschießen.

HEINRICH Nein. Ja.

EVA Kommen Sie her.

Heinrich kommt nicht.

EVA Kommen Sie her.

Heinrich kommt nicht. Eva schießt in die Erde. Heinrich kommt näher.

EVA Hier. Nehmen Sie.
HEINRICH Nein.

Sie nimmt seine Hand und legt sie um die Pistole.

HEINRICH Fühlt sich an wie ein kalter Riesenkäfer.
EVA Ein schönes Gefühl.
HEINRICH Ja. Nein. Ja. Nehmen Sie sie zurück.

Sie nimmt sie aber nicht.

HEINRICH Was soll ich denn damit machen jetzt.
EVA Erschießen Sie mich.
HEINRICH Wie –
EVA Einfach abdrücken.
HEINRICH Nein –

*Er drückt aus Versehen ab und trifft sie ins Bein. Eva,
laut auflachend, kippt um.*

EVA Doch nicht ins Bein. Ins Herz Geliebter ins Herz
   – *lacht, richtet sich liegend auf, lehnt sich gegen einen
   Baum.* Du hast mir die Strumpfhose zerschossen.
HEINRICH *erschrocken* Das wollte ich nicht. *Eva zün-
   det sich eine Zigarette an.* Tut mir leid wegen Ihrer
   Strumpfhose, soll ich, soll ich Ihnen eine neue kaufen,
   wenn Sie mir die Marke sagen –
EVA Spar dir das Geld und erschieß mich lieber. Du
   sollst mich erschießen.

HEINRICH Das geht nicht. Das muß aufhören. Ich darf sie nicht erschießen. Aus. Ende. Sie finden bestimmt einen andern, hartnäckig wie Sie sind.

EVA Das Ende das Ende. Jede Nacht ziehe ich los und suche das Ende und dann kommt wieder irgendein Idiot und knipst das Licht an.

HEINRICH Ich fahre mit der Straßenbahn, mit der Straßenbahn immer im Kreis herum, bis alle von den Koffern rutschen, aber jetzt, jetzt springe ich ab –

EVA *ascht sich in die Wunde* Putain, je suis trop ridicule, moi, quelle merde –

Schweigen.

EVA Würden Sie mich küssen?

HEINRICH Auf keinen Fall.

EVA Komm, Vögelchen komm –

HEINRICH Kommt nicht in Frage.

EVA Komm –

HEINRICH Nein.

EVA Sturer Hund, erst schießen Sie mir ein Loch in die Strumpfhose und dann sind Sie nicht mal bereit, mich zu küssen, nur ein winziger Wiedergutmachungskuß –

Heinrich gibt auf, geht zu ihr, küßt sie, sie hält ihn fest, küßt ihn wieder.

EVA *wischt sich den Mund ab* Igitt, Kartoffelschnaps, ich hasse Bolschewiken.

Sie steht auf, nimmt die Pistole, zielt auf Heinrich.

EVA Zieh oder stirb, Django –
HEINRICH *stellt sich breitbeinig in Positur* Ja.
EVA Was ja.
HEINRICH Sterben.
EVA *verächtlich* Spielverderber. *Sie wirft die Pistole weg, resigniert.* Gleich geht die Sonne auf. – Ich muß mir als erstes eine neue Strumpfhose kaufen.

Heinrich nimmt die Pistole, zielt im Affekt, aber unge-nau, trifft sie in die Schulter, sie landet am nächsten Baum.

EVA Nicht in die Schulter, ins Herz Geliebter ins Herz Geliebter ins Herz –

Heinrich zielt.

EVA Halt – Warte – Sag mir deinen Namen –
HEINRICH Heinrich. Heinrich Blaubart.
EVA Schöner Name. Ich werde mit deinem Namen auf den Lippen sterben, wie findest du das – Heinrich –

Wenn sie nicht bald zu reden aufhört, ist es mit dem Zie-len wieder vorbei. Heinrich kneift ein Auge zu. Sie nimmt einen letzten Zug und dreht den Kopf zur Seite. Jetzt. Heinrich schießt. Ins Herz. Sie muß ihm nicht sa-gen, daß sie tot ist, er sieht es auch so.

*Heinrich guckt die Pistole in seinen Händen fragend an.
Sie weiß auch nicht, wohin. Er geht zu der Toten, nimmt
ihre Handtasche, steckt die Pistole sorgfältig hinein,
hängt sich die Tasche um den Arm, will gehen. Stutzt,
geht zurück, hängt die Tasche um Evas Arm, bemerkt
ihre noch glimmende Zigarette, nimmt sie und wird in
diesem Moment zum Raucher.*

X. DIE BLINDE (V). EIN KURZER SCHMERZENSMONOLOG

DIE BLINDE *schreit auf und betastet ihre Augen*

Einmal nur, einmal nur den Himmel sehen ....

XI. CHRISTIANE. GET THE KICK

Straßenkreuzung.

CHRISTIANE Vierundsiebzig, fünfundsiebzig, sechs-
undsiebzig –

Heinrich überquert die Straße.

CHRISTIANE Siebenundsiebzig. *Geht zu Heinrich.*
Entschuldigen Sie, ja Sie, hallo, möchten Sie mit mir
mitkommen, bitte.
HEINRICH Warum.
CHRISTIANE Ich habe mit mir selber gewettet, daß ich
den 77. Mann, der hier vorbeikommt, ansprechen
werde.
HEINRICH Dann bin ich also ein Zufall für Sie.
CHRISTIANE Ich habe so etwas noch nie gemacht. Ich
war mir nicht sicher, ob ich mich trauen würde. Aber
ich habe beschlossen, ab heute kühn und furchtlos zu
sein –
HEINRICH Ich lasse mich nicht zu einer Mutprobe de-
gradieren. Was glauben Sie, wer ich bin.
CHRISTIANE Das ist mir egal. Ich möchte doch nur etwas mit Ihnen trinken.
HEINRICH Warum zählen Sie nicht bis achtundsiebzig
oder achtundachtzig oder meinetwegen neunund-
neunzig. Sie dürfen nicht an den Zufall glauben. Damit machen Sie sich schuldig. Sie legen Ihre Verant-
wortung ab. Tun Sie das nicht. Suchen Sie sich einfach

jemanden, der sympathisch aussieht, vertrauenerweckend.

CHRISTIANE Ja. Eben. Ich finde Sie nett. Normalerweise würde ich mich nie zu so etwas hinreißen lassen, aber dann habe ich mich erinnert, daß ich selbst einmal in der U-Bahn stand und ein Mann mich ansprach. Es handelte sich um einen Medizinstudenten, der sich bei der NASA um ein Praktikum beworben hatte, und an jenem Tag die Zusage bekam. Er war allein und wollte mit jemandem feiern, wir haben einen sehr schönen Abend verbracht.

HEINRICH Mit mir werden Sie keinen schönen Abend verbringen, aber unvergeßlich wird er auf alle Fälle sein. Noch können Sie sich entscheiden.

CHRISTIANE Er hat mir Whisky spendiert, kennen Sie den Unterschied zwischen Scotch und Bourbon, und Bau-de-laire zitiert. Kennen Sie Bau-de-laire.

HEINRICH Ja. Das ist dieser französische Sachverständige für Spezialeinlagen. Kenn ich.

CHRISTIANE *(zitiert Baudelaire)*[1]
An eine, die vorüberging

Der Straßenlärm betäubend zu mir drang.
In tiefer Trauer, schlank, von Schmerz gestrafft,
Schritt eine Frau vorbei, die mit der Hand gerafft
Den Saum des Kleides hob, der glockig schwang;

---

1 cit. f.: Charles Baudelaire, Les Fleurs du Mal/Die Blumen des Bösen; ü. v. Monika Fahrenbach-Wachendorff; Reclam Stuttgart 1980.

Anmutig, wie gemeißelt war das Bein.
Und ich, erstarrt, wie außer mich gebracht,
Vom Himmel ihrer Augen, wo ein Sturm erwacht,
Sog Süße, die betört und Lust, die tötet, ein.

Ein Blitz ... dann Nacht! – Du Schöne, mir verloren,
Durch deren Blick ich jählings neu geboren,
Werd in der Ewigkeit ich dich erst wiedersehn?

Woanders, weit von hier! zu spät! soll's nie geschehn?
Da du mich ließest und ich dir entschwand,
O dich hätt ich geliebt, o du hast es geahnt!

Das habe ich mir gemerkt. Wenn ich damals nicht so blöd gewesen wäre, unbedingt nach Hause zu wollen in meiner ängstlichen Unschuld, statt die Nacht mit ihm zu verbringen, wie er es vorschlug, dann würde ich jetzt nicht hier stehen, dann würde ich jetzt in den Vereinigten Staaten von Amerika stehen, mein Mann wäre bei der NASA und würde im Urlaub Hawaii-Hemden tragen, und wir hätten einen swimming-pool. Und dabei hat er mir sogar richtig gesagt, daß er mich liebt.

HEINRICH Mit mir werden Sie allerdings nicht nach Amerika kommen.

CHRISTIANE Ich kann aber nicht mehr zurück. Ich habe meinen Mann und meine zwei kleinen Kinder verlassen, um noch einmal etwas zu erleben, bevor es zu spät ist. Jetzt oder nie. Ich bin skrupellos und zu allem bereit. *Schweigen.* Und was erwarten Sie vom Leben.

Heinrich umarmt sie plötzlich, verzweifelt, heftig, drückt sich an sie.

HEINRICH Ruhe. Gönnen Sie mir Ruhe.

CHRISTIANE Ich möchte nie mehr zur Ruhe kommen, nie mehr, ich möchte mich nie mehr langweilen müssen, ich möchte nie mehr abends fernsehen, ich möchte einen Mann, der ein gesuchter Schwerverbrecher ist und mit ihm quer durch Europa fliehen, ich möchte in Tanger an Land gehen und bei Sonnenuntergang die Ärsche der kleinen Jungen küssen –

HEINRICH Reizen Sie mich nicht.

CHRISTIANE Ich möchte mich nicht mehr verlieben, ich möchte nicht mehr heiraten, ich möchte den Mann treffen, der mein Herz in schäumender rücksichtsloser Leidenschaft zerreißt, der mein Innerstes nach außen kehrt, der sich nimmt, ohne zu fragen.

HEINRICH Der sie küßt und ihre Lippen mit seinem Kuß zerbeißt.

CHRISTIANE Ja.

Heinrich tut es.

HEINRICH Der sie küßt und ihren Atem mit seinem erstickt.

CHRISTIANE Ja.

Heinrich tut es.

HEINRICH Der ihr auf der Straße am hellichten Tag die Kleider vom Leib zerrt, mit beiden Händen, die Haut darunter zerreißt –
CHRISTIANE Ja.

Heinrich tut es.

HEINRICH Der sich ihre Haare um das Handgelenk wickelt, sie durch den Rinnstein schleift und behauptet, sie zu lieben.
CHRISTIANE Ja.

Heinrich tut es.

HEINRICH Ich liebe sie ich liebe sie.
CHRISTIANE Ja.
HEINRICH Der sein Glied in sie hineinbohrt, daß sie glaubt, er wolle damit bis zu ihrem Herzen stechen –
CHRISTIANE *lacht* Ja –

Heinrich tut es.

HEINRICH Der ihre Brüste zerwühlt, um ihr Herz zu finden, der in sie hineinschreit, eine heftigere Liebe als unsere gibt es nimmer und nimmermehr und wir werden daran sterben müssen –
CHRISTIANE Ja –

HEINRICH Aber nur du wirst daran sterben –
  Du wirst daran sterben –

Er schleudert ihren Kopf gegen die Wand, bis sie tot ist.

XII. Die Blinde (VI)

Englischer Garten. Heinrich auf einer Parkbank. Ein Mädchen (Die Blinde) kommt näher, eisessend. Sie setzt sich zögernd zu ihm.

DIE BLINDE *nach einer Weile* Ich esse so gern Eis.

Schweigen.

HEINRICH Eis – Eis esse ich nur, wenn ich in den Zoo gehe. Da gehört es irgendwie dazu.
DIE BLINDE Gehen Sie oft in den Zoo.
HEINRICH Seit meinem siebten Lebensjahr nicht mehr.
DIE BLINDE Aus einem bestimmten Grund.

Pause.

HEINRICH Es hat sich nicht ergeben.

Schweigen.

DIE BLINDE Hamburg hat einen sehr schönen Zoo.
HEINRICH Hamburg – Sind wir denn in Hamburg –
DIE BLINDE Haben Sie sich verirrt.
HEINRICH Nein – es ist nur, weil – Ja, Hamburg hat einen sehr schönen Zoo. *Schweigen.* Aber München hat einen Tierpark.
DIE BLINDE Was ist mit Ihnen. Sie klingen so erschöpft.

HEINRICH Wie heißen Sie.

DIE BLINDE Warum.

HEINRICH Haben Sie keine Angst. Aber bitte helfen Sie mir, bitte.

Pause.

DIE BLINDE Julia.

HEINRICH Das habe ich befürchtet.

DIE BLINDE Sind Sie krank.

HEINRICH Sie können mich nicht sehen, nicht wahr.

DIE BLINDE Nein.

HEINRICH Erkennen Sie meine Stimme. Bitte überlegen Sie gut.

DIE BLINDE Nein. Sicher nicht.

HEINRICH *zart* Was ist mit Ihren Augen passiert. Wer ist schuld daran.

DIE BLINDE Schuld? Niemand. Ich bin eines Nachts aufgewacht, wollte das Licht anmachen, aber es wurde nicht hell. Das ist alles. – Für einen Fremden sind Sie zu neugierig. Das ist unhöflich.

HEINRICH Ich werde Ihnen meinen Ausweis zeigen.

DIE BLINDE Was nützt mir das. Ich kann ihn nicht lesen.

HEINRICH Ich werde Ihnen vorlesen. Sie können ihn abtasten, wenn Sie wollen. Ich werde Sie nicht belügen. *Zieht seinen Ausweis aus der Tasche, zeigt ihn ihr.* Hier, hier steht es. Mit Foto.

DIE BLINDE Na und. Es ist mir egal, wer Sie sind.

HEINRICH Wie meinen Sie das.

DIE BLINDE Sie sind vielleicht ein Kauz. Was wollen
Sie eigentlich von mir.

HEINRICH Sie haben nicht zufällig heute Geburtstag.

DIE BLINDE Wie kommen Sie darauf.

HEINRICH Möchten Sie mich küssen.

DIE BLINDE Wollen Sie, daß ich um Hilfe schreie.

HEINRICH Möchten Sie meine Frau werden.

DIE BLINDE Ich glaube, Sie sind pervers.

HEINRICH Nein –

DIE BLINDE Nein, ich kenne Sie doch überhaupt nicht.

HEINRICH Ich danke Ihnen. – Ich danke Ihnen. – Ich
danke Ihnen.

Schweigen.

DIE BLINDE Sind Sie noch da.

HEINRICH Ja. Ja, ich bin noch da.

DIE BLINDE Suchen Sie jemand. Weil Sie diese merk-
würdigen Fragen stellen.

HEINRICH Nein. Nein. Im Gegenteil.

DIE BLINDE Werden Sie gesucht.

HEINRICH Ja. – Ja.

DIE BLINDE Weswegen.

HEINRICH Ich bin ein Mörder.

DIE BLINDE Und jetzt. – Werden Sie mich gehen lassen.

HEINRICH Ja. Gehen Sie.

Die Blinde steht auf und geht. Heinrich sitzt eine Weile da, legt sich dann auf die Bank, in seinen Mantel gewikkelt. Wind (vielleicht), Blätter (vielleicht). Er schläft ein.

XIII. Waldmonolog

Es ist dunkel dunkel dunkel da draußen. Ich spüre eine große Ungeduld in mir. Ich meine nicht Ungeduld, wenn ich Ungeduld sage, ich meine – Traurigkeit.

Es regnet in der Dunkelheit höre ich den Regen auf die Blätter schlagen, ich gehe hinaus und dir nach, zuerst durch den Hohlweg, dann querwaldein bis ich auf die Stelle treffe. Hier muß es sein. Abgebrochene, Sprossen treibende Äste über Kreuz in den Boden getrieben, ein Kreis aus Laub und Steinen darum, die Erde so sorgfältig geglättet; vielleicht scheint das alles nur so, täusche ich mich, oder erinnere mich an eine Nacht, in der ich eine in der Erde verscharrte. Und wo war das hier. Oder nie und nirgends. Um es zu erfahren, bücke ich mich über die Stelle, harke das Laub mit meinen Händen beiseite. Das Laub ist naß und klebt zwischen meinen Fingern, hängt sich an meinen Ärmeln fest. Die Äste aus dem Boden holen, sie geben nicht nach, frischgeschlagene Wurzeln stemmen sich mir entgegen, versuchen mich nach unten zu ziehen, wohin ich aber nicht will, Blattranken um meine Hände, krallen sich meine Arme hinauf, schlingen sich um meine Beine, ich sehe dich, immer noch am Ende des Waldweges stehend, deinen Umriß nur, aber ich weiß, du bist es, sag mir, was unter der Erde ist, daß die Pflanzen zäh und voller Widerstand wachsen, wo sie nicht wachsen sollten, was habe ich getan, habe ich es getan, du kommst nicht näher, du hilfst mir nicht, die Pflanzen bringen mich zu Fall, regenschwere

Erde, in die ich längsgeschlagen sinke, du gehst fort und ich erreiche dich nicht, kann dich nicht halten, Julia, rufe ich, Julia, bleib, bleib stehen bleib stehen, du hörst nicht

DIE BLINDE Du riechst wie ein altes Pferd, das sie vergessen haben im Hof, das Fell zerfressen, die Augen glasig, die Zähne stumpf, sie haben es vergessen, es steht da Tag um Tag, im Regen, es läuft da im Kreis, Nacht um Nacht. *Pause.* Es riecht nach Schlachthof.

Schweigen.

DIE BLINDE Ich habe dich in einem Café gesehen. Zum ersten Mal. Im Frühherbst. Vor sieben Jahren. *Pause.* Ich wollte dich wiedererkennen.
HEINRICH Könntest du mich lieben. Vielleicht.

Schweigen.

DIE BLINDE Vielleicht.
  Wie gern würde ich sagen Vielleicht.
  Wie gern würde ich sagen können Ja.
  Ich habe aufgehört, dich zu lieben.
  Was für ein einfacher Satz. Und ist er nicht wahr.
  An einem Tag im Frühjahr. An dem ich mich zu dir auf eine Parkbank setzte.
  Ich wollte dich wiedererkennen.
  Es war dieselbe Stimme.
  Aber. Dein Geruch –
HEINRICH Liebe mich.
DIE BLINDE *schüttelt den Kopf.*

HEINRICH Liebe mich, wie ich dich liebe.
DIE BLINDE *schüttelt den Kopf.*
HEINRICH Ich liebe dich. – Über die Maßen.
DIE BLINDE Nein. Du versuchst es nur.
  Ich aber, ich werde dich töten.
  Für dich wird es sein wie Erlösung.
  Für mich wie mein eigener Tod.
  Dann aber. Werde ich frei sein von dir.
  Deiner Maßlosigkeit. Deinem Mittelmaß. Deinen
  Lügen.
  Und muß mich meiner Liebe nicht mehr schämen.
  Ich muß mich meiner Liebe nicht mehr schämen.
  Ich werde stolz sein auf sie.

  Sie schneidet ihm die Kehle durch.

  Ich, die die Liebe tötet.
  Und das Verlangen danach.

  Einmal nur, einmal nur den Himmel sehen.

ENDE

Anhang zu Blaubart

In der Uraufführungsinszenierung wurde die Rolle des
Blaubart von zwei Schauspielern gespielt. Heinrich II
verkörpert den Blaubart, der rückblickend seine eigene
Geschichte erzählt, Heinrich I ist derjenige, der sie in
einer linearen Abfolge erlebt.

Die erzählerische Zeitschlaufe des Stücks spaltete sich
so noch einmal in die Sichtweisen der zwei Blaubärte
auf, und – wichtiger noch – Heinrich II konnte sich
selbst begegnen, ins Geschehen eingreifen, mit und
ohne Worte.

Zwischen den Textszenen entstanden raumgreifende
Choreographien nur für die sieben Frauen, die sich in einer Form von Tanztheater v.a. mit archetypischen Frau-
enbildern auseinandersetzten (Geliebte, Minnefrauen,
Bräute, Witwen ...), das Geschlechterverhältnis aus ihrer
Sicht paraphrasierten und Raum für Improvisationen
mit dem Publikum ließen.

Szenenfolge der Uraufführung:

I.	Waldmonolog I	*(Heinrich II)*
II.	Die Blinde (I)	*(Heinrich II)*
III.	Julia. Erste Liebe (1. Teil)	
IV.	Der Beruf (1. Teil)	*(Heinrich II)*
V.	Julia. Erste Liebe (2. Teil)	

In der UA zusätzlich verwendete Szenen:

XVI. WALDMONOLOG II

HEINRICH Laß mich leben.
HEINRICH II Keine Angst. Solange ich nicht tot bin, kannst auch du nicht sterben.

Pause.

HEINRICH II Es ist dunkel dunkel dunkel da draußen. Ich spüre eine große Ungeduld in mir. Ich meine nicht Ungeduld, wenn ich Ungeduld sage, ich meine – Traurigkeit.
Pause.
Es regnet in der Dunkelheit höre ich den Regen auf die Blätter schlagen, ich gehe hinaus und dir nach, zuerst durch den Hohlweg, dann querwaldein bis ich auf die Stelle treffe.
Hier muß es sein.
Pause.
Hier muß es sein ...

XXV. Die Blaubarthoffnung

Heinrich II Mein blauer Bart wird weiß. Ich bemerke es seit einiger Zeit und habe noch keine Erklärung dafür. Es ist nicht das Weiß des Alters, es ist ein kreidiges, dennoch durchscheinendes Weiß, das meinen Bart allmählich zum Verschwinden bringt.

Ich habe keine Angst. Gestern bin ich an all den Särgen vorbeigegangen. Gilles de Rais, Count Conomor, Raoul de Cormantan, Ritter Aristor, Heinrich der Achte, Blaubart, Barbe-bleue, Barbabiu, Ritter, Herzog, König. Es lagen nur Bärte darin und sie waren alle weiß. Dann ging ich an den anderen Särgen vorbei. Erst war es nur eine Frau, dann drei, dann vier, schließlich sieben. Julia, Anna, Judith ... Die Särge ließen sich nicht öffnen. Die Deckel aus Stahl verschmolzen mit den Bahren, auf die sie gelegt waren. Keine Ritze, keine Fuge, durch die ich einen Blick ins Innere der Behältnisse hätte werfen können. Meine Fingernägel brachen bei dem sinnlosen Versuch, die Deckel aufzustemmen. Ebenso die Klinge meines Messers. Ebenso jedes andere Werkzeug, ein Schürhaken, den ich als Hebel ansetzte, ein Hammer, der kaum eine Delle hinterließ, eine Metallfeile, eine Säge. Der Schweiß sickerte durch meine Kleidung und färbte sie weiß. Ich kostete, er schmeckte nach Kreide. Mein Schlüsselbund fiel aus der Jackentasche. Im Aufheben dachte ich daran, daß ich nie eines meiner

138

Zimmer von innen gesehen hatte. Vielleicht, dachte ich, vielleicht, wenn ich selber erfahren würde, was in den Zimmern wäre, vielleicht wüßte ich dann die Särge zu öffnen.

Ich hatte ihnen eine Aufgabe gestellt, jeder einzelnen, und jede wollte die einzige sein, die sie löste. Sie wollten nicht, daß ich sie liebte, ich sollte sie auch noch quälen. Wenn meine Liebe eine Zumutung war, dann war ihre Zumutung eine tödliche Erpressung. Sie wollten die Zeit verändern; nicht zufrieden damit, sie stehenbleiben zu lassen, wollten sie sie im Gegenteil schneller und schneller vergehen lassen, um endlich an etwas Wesentliches zu gelangen, das sie dahinter vermuteten, hinter der Zeit und dem Raum. Auch ich wußte nicht, ob es da etwas anderes gab, aber ich fügte mich ihren Forderungen und ihren Wünschen.

Ich öffne jetzt das erste Zimmer. Leer. Ich öffne das zweite Zimmer. Leer. Das dritte Zimmer. Leer. Das vierte. Leer. Das fünfte sechste. Leer. Ich stehe vor dem siebten Zimmer endlich. Taste über die Tür aus Stahl, die nichts verrät. Drehe den Schlüssel, es knackt, ich stemme die Tür auf und – das siebte Zimmer: Nichts. Kein Zimmer. Keine Kammer. Kein Verlies. Der leere Raum. Dafür mußten sie sterben. Es gibt kein Geheimnis. Der Tod die Strafe für die entdeckte Leere. Keine Schätze kein Gold kein Reichtum kein Überfluß. Keine Toten kein Blut. Gebt mir den Schlüssel zurück, damit ich ihn wegwerfen kann. Damit ich die Tür offen stehen lassen kann, damit niemand mehr fürchten muß. Die Öffnung der Tür gähnt und starrt mich an. Der weiße Raum eine Hoffnung. Kein Licht, das so leuchten würde wie dieses kreidige Weiß. Geblendet. Schwerelos. Ich mache den Schritt über die Schwelle.

XXVII. SEZIERTISCH-MONOLOG

*Die Blinde zieht sechs Seziertische mit den Leichen der
Frauen auf die Bühne.*

HEINRICH Ich bin nicht krank. Mein Kopf ist nicht
verwirrt. Das wäre einfach, zu sagen, ein Kranker.

HEINRICH II Wer bist du.

HEINRICH Das sind meine Hände. Das ist mein Leib.
Das ist mein Mund. Das bin ich.

HEINRICH II Wer bist du.

HEINRICH Ich bin nicht krank. Sie werden heraus-
finden wollen, ob ich krank bin, ich werde sagen
Nein.

*Geht zwischen den Leichen hindurch, in der Reihen-
folge der Morde.*

Julia. Anna. Judith. Tanja. Eva. Christiane.

Sie werden mich fragen,ob ich bereue, ich werde sagen Ja. Ja. Aber. Und weiter. Was hilft mir das. Weiter
sind wir noch nicht als bis zum Fegefeuer oder zur
Geschlossenen Anstalt.

HEINRICH II Wer bist du.

HEINRICH Das sind meine Hände. Die Hände tun, was
der Kopf denkt. Oder. Dahinter komme ich nicht,
warum die Hände dem Kopf hinterherlaufen, oder
vorauslaufen manchmal. Warum sie tun, was sie tun.
Was der Kopf denkt, wenn er sie tun läßt, was sie tun.
Warum sie ihm nicht gehorchen, wenn er sagt Nein. –
Vielleicht bin ich doch krank, und das ist die Krank-

141

heit, daß es diese Verbindung und das Gehorchen nicht mehr gibt, wo es sie geben müßte.

Schweigen.

Die Reue ist gar kein Ausweg. Die Reue läßt nur zu, daß man immer weiter Dinge tut, die man dann bereut, und wieder tut, und weiter bereut, und es nie aufhört, daß man sich wünscht, es möge aufhören.

Es möge aufhören.

Ich –

Mörder –

Ich will mich loswerden.

Dea Loher

geboren 1964 in Traunstein. Studium der Germanistik und Philosophie in München. Lebt in Berlin.

Theaterstücke: *Olgas Raum*, Uraufführung: Ernst-Deutsch-Theater, Hamburg 1992; *Tätowierung*, U: Ensemble am Südstern, Berlin 1992; *Leviathan*, U: Staatstheater Hannover 1993; *Fremdes Haus*, U: Staatstheater Hannover 1995; *Blaubart – Hoffnung der Frauen*, U: Bayerisches Staatsschauspiel, München 1997; *Adam Geist*, U: Staatstheater Hannover 1998; *Manhattan Medea*, U: steirischer herbst/Mecklenburgisches Staatstheater Schwerin 1999; *Klaras Verhältnisse*, U: Burgtheater Wien 2000; *Der dritte Sektor*, U: Thalia Theater Hamburg 2001; *Magazin des Glücks*, U: Thalia Theater Hamburg 2001/2002; *Unschuld*, U: Thalia Theater Hamburg 2003; *Das Leben auf der Praça Roosevelt*, U: Thalia Theater Hamburg 2004; *Land ohne Worte*, U: Münchner Kammerspiele 2007; *Das letzte Feuer*, U: Thalia Theater Hamburg 2008; *Diebe,* U: Deutsches Theater Berlin 2010; *Am schwarzen See*, U: Deutsches Theater Berlin 2012; *Gaunerstück*, U: Deutsches Theater Berlin/Ro-Theater Rotterdam 2015; *Weine nicht, singe*. Libretto, Musik: Michael Wertmüller, U: Hamburgische Staatsoper 2015.

Prosa: *Hundskopf*, Wallstein Verlag, Göttingen 2005; *Bugatti taucht auf*, Wallstein Verlag, Göttingen 2012.

Preise und Auszeichnungen: Dramatikerpreis der Hamburger Volksbühne 1990 für *Olgas Raum*; Preis der Frankfurter Autorenstiftung 1993; Fördergabe des Schiller-Gedächtnis-Preises von Baden-Württemberg 1995; Jakob Michael Reinhold Lenz-Preis der Stadt Jena 1997 für *Adam Geist*; Gerrit Engelke-Preis der Stadt Hannover 1997; Mülheimer Dramatikerpreis 1998 für *Adam Geist*; Else Lasker-Schüler-Dramatikerpreis 2005; Bertolt Brecht-Preis 2006; Mülheimer Dramatikerpreis 2008 für *Das letzte Feuer*; Berliner Literaturpreis 2009; Marieluise Fleißer-Preis 2009; Publikumspreis der Mülheimer Theatertage 2010 für *Diebe*; Preis des Deutschen Zentrums des Internationalen Theaterinstituts (ITI) 2011; Aufnahme in die Deutsche Akademie für Sprache und Dichtung 2013; Ludwig Mülheims Preis 2013; Stadtschreiberin von Bergen-Enkheim 2014/15.